CALLWEY

PEACH
PLUM
KIWI
BANANA
RED CURRANT
QUINCE
LAVENDER
CHIA
CUMIN
ORANGE
OLIVE
RASPBERRY
BASIL
COFFEE
MAPLE SYRUP
ROSEMARY
CHERRY
APPLE
CARROT
DATES
POMEGRANATE
I ♥ it!
CASHEW
PLUM
KIWI
MANGO
PEAS
PINEAPPLE
GRAPES
VANILLA
RASPBERRY
APRICOT
ALMONDS
CHILLI
STRAWBERRY
COCONUT
AVOCADO
LEMON
TOMATO
PEAR
PAPAYA
CINNAMON
LAVENDER
MUSHROOMS
SOY
PECAN
BLACKBERRY
ASPARAGUS
SAGE
BLUEBERRY
WALNUTS
LETTUCE
RADICCHIO
BEANS
CUCUMBER
RICE
KOHLRABI
CURCUMA
CORN
EGGPLANT
PUMPKIN
BROCCOLI
ONION
SAFFRON
PEPPERS
KALE

Franziska Gräfin
Fugger von Babenhausen
&
Maestro Mauro Bergonzoli

MAGIC FOOD

Vegan

CALLWEY

Mein Herz

platzt vor Dankbarkeit

Für immer grazie mille:
Mutter Erde für deine köstlichen Geschenke,
Mauro für deine Kunst, deine Liebe und unsere einzigartigen Töchter,
Mami und Papi für eure Großzügigkeit und euer Vertrauen,
meiner Familie und meinen Freunden für eure Treue.

Dieses Buch ist für euch
und für alle Menschen, die das Leben lieben und schätzen.
Viel Spaß auf dieser magischen Reise ins Schlaraffenland.

Eure Magic Contessa
Franziska

INHALT

MAGIC MENU

MAGIC POWERS

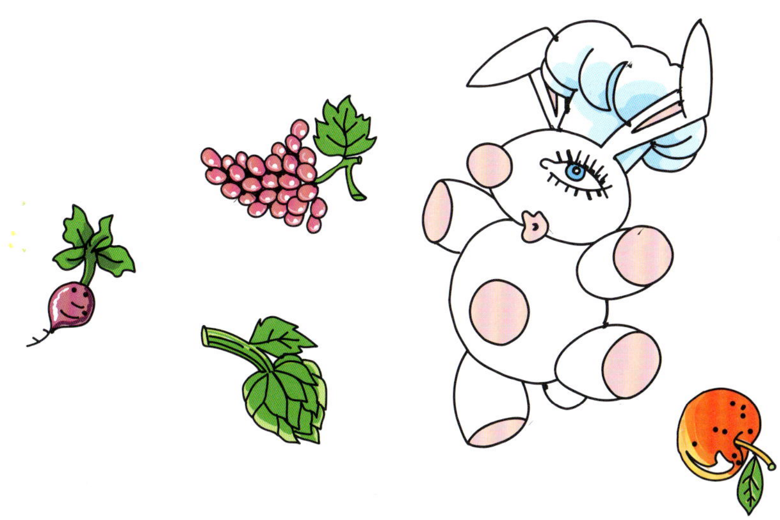

Vorwort

5 Uhr morgens am 7. Juni 2016

Irgendwas stimmt nicht. Mauro schnarcht nicht wie gewohnt neben mir. Ich höre ihn in kurzen Schüben ausatmen, seine Fäuste geballt, sein Gesicht vor Schmerz verzerrt. Schweißperlen rollen von seiner Stirn.

Wie ein Blitz schieße ich hoch:
„Amore, are you okay?"

Er schüttelt den Kopf, hält sich die Brust und stöhnt:
„Il mio cuore."

Kurz danach: Notaufnahme, München, Großhadern. Diagnose: schwere koronare Herzerkrankung. Sieben Ärzte stehen um sein Bett. Professor Bruno Meiser streicht beruhigend über seine Hand.

„Lieber Maestro, du bist dem Teufel knapp von der Schippe gesprungen. Das war kurz vor zwölf!"

Der lebensrettende Stent sitzt. Die rechte Koronararterie war schon zu 95 Prozent geschlossen, die linke zu 75. Mein „Cinderello" ruht nach dem Eingriff. Ich spreche mit den Herzexperten. „Das war kein Glück, das war ein Wunder! Hätte er eure Töchter noch einmal gehoben oder eine Treppe zu viel bestiegen, sein Licht wäre erloschen." In mir pulsiert eine Mischung aus Übelkeit, Schwindel und Erleichterung. Den Ärzten im Krankenhaus bin ich unendlich dankbar für ihre professionelle Arbeit. Ein täglicher Pillencocktail wird ihm von nun an fürs Leben verschrieben. Er schluckt ihn brav und ist dankbar, wieder zurück ins Country Atelier zu dürfen. Er malt sein erstes Kunstwerk nach dem Schock. Es heißt „Heart Stent".

Ein paar Wochen vergehen. Sein Herz pumpt wunderbar, aber die Pillennebenwirkungen werden sichtbar. Seine Haut ist graugrün, seine Augäpfel trüb und Schuppen schneien aus dem Haar. Mein einst heißblütiger „Contemporary Caravaggio" wird langsam, müde, lasch und depressiv. Plötzlich hat er keine Lust mehr zu malen. Sein Atelier bleibt zu, seine Pinsel ungezückt. Bei mir schlagen alle Alarmglocken. Fünf prachtvolle Töchter, eine junge Muse, nur 50 Jahre gelebt und bald krank wie ein alter Mann? Stehlen die Pillen unserem Maestro die Lebenskraft und lassen mir bald eine leere Schale als Pflegefall?

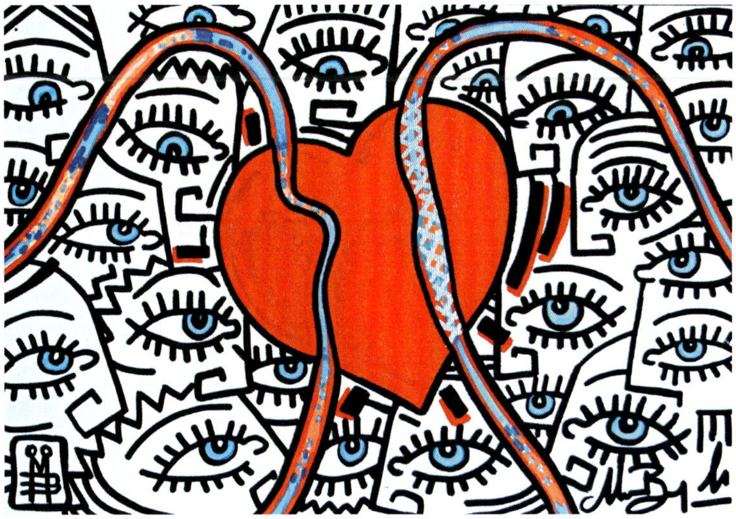

Heart Stent
2016, Acryl auf Leinwand, 30 x 40 cm

1-2-3 Go
Acryl und Laserprint auf Leinwand, 90x120cm, 2011

Neun Tage habe ich Zeit. Er reist im Frühjahr 2017 zur Art Basel nach Hongkong, um dort seine Kunst auszustellen. Ich bleibe mit den Kindern zu Hause. Jeden Abend, wenn sie schlafen, suche ich wie ein Trüffelhund nach Heilungsmöglichkeiten außerhalb der Pharmawelt. Eine Lösung muss her, um Mauros Gesundheit und somit unsere Zukunft zu retten. Ich entdecke einen Goldschatz an Doktoren und verschlinge deren Studien jeden Abend bis zu seiner Rückkehr:
Dr. Colin Campbell (The China Study), Dr. Neal Barnard, Dr. Caldwell Esselstyn, Dr. Garth Davis, Dr. Michael Klaper, Dr. Dean Ornish, Dr. Michael Greger, Dr. Dean und Ayesha Sherzai. Bewegende Filme wie: What the Health, Forks over Knives, Earthlings, The Game Changers, Cowspiracy, Food Inc. und Dairy is Scary öffnen mir die Augen.

Endlich. Nach neun Tagen chinesischem Kaffee trinkt Mauro nun seinen ersten Dinzler-Espresso in Zeitlupe. Die Vögel zwitschern unter rosa Magnolienblüten in unserem schwäbischen „Giverny". Er ist erschöpft, sein Körper geschwollen und seine Omar-Sharif-Augenringe sind dunkel.

„Wir machen einen Test", schlage ich vor. „Für einen Monat koche ich rein pflanzlich, und dann vergleichen wir deine Blutwerte. Die Pillen müssen weg." Er nickt und stimmt zu. „Perfetto amore, let's do it."

Nach diesem Startschuss lege ich sofort los. Meine Zauberküche wird meine Werkstatt. Ich folge meinem Bauchgefühl und kreiere Gerichte, die mir in der Nacht in meinen Träumen begegnen. Kulinarische Erlebnisse, die seit Jahren auf meiner Zunge tanzen, verwandele ich in pflanzliche Interpretationen. Mauros Reaktion ist euphorisch. Er liebt alles, und vor allem die Kinder sind begeistert. Die Blutwerte verbessern sich schnell. Bald fallen nicht nur die Kilos, sondern auch die Pillen. Er verabschiedet sich vom toxischen Pharma-Cocktail und vom Alkohol. Seine geliebten Zigaretten landen im Müll. Siestas werden fortan übersprungen. Seine Kraft kommt wieder, seine Lust zum Glück auch! Er liebt mich wie ein junger Kavalier und spielt wieder mit den Kindern. Frische Meisterwerke explodieren auf großen Leinwänden in neuer Farbenpracht. Der Garten wird fleißig von ihm gepflegt, Gitarren und Schlagzeug mit voller Lautstärke bespielt. Sein freches Lachen unter dem schwarzen Bart ist zurück. Seine Augäpfel strahlen weiß.

Dankbar und überglücklich haben wir diese Odyssee heil überstanden. Nun sind Pflanzen unsere Medizin. Frische Luft, strahlende Sonne, kreative Arbeit und ganz viel Lachen unsere Energiequelle. Die moderne Herzmedizin öffnete uns die Tür. Mutter Erdes **Magic Food** half mir, Mauro zurück ins Leben zu kochen. Meine Originalrezepte in diesem Buch teile ich von Herzen gerne mit euch. Viel Freude beim Zaubern in euren magischen Küchen mit der allerwichtigsten Zutat:

molto AMORE!

Magic Heart
Murano Glas, 6x6x3cm, 2019

A LITTLE BIT OF HISTORY

Leonardo da Vinci war vegan. Er wollte kein Grab für Tiere sein. Caravaggio hasste Butter. Er schlug einst einem Kellner den Artischockenteller ins Gesicht, weil dieser sie nicht in Öl servierte. Im Jahr 1589 schrieb Hieronymus Ott einen Brief an Hans Fugger bzgl. einer Karpfen-Bestellung aus Italien. Er schlug für die Reise nach Schwaben die klassische Gardasee-Zubereitung OHNE Butter vor: „… das muess aber im oel geschehen, denn im schmalz thuet es nit …“

Der Sohn Anton Fuggers ließ 1578 das Renaissanceschloss Kirchheim erbauen. Er füllte es mit Kunstschätzen aus aller Welt, Exportartikel aus Italien und vor allem Venedig standen an erster Stelle. Heiß begehrt zu der Zeit waren auch Gemälde von Vincenzo Campi, der prachtvolle Marktszenen voll reifer Früchte und Gemüsesorten auf Leinwände zauberte. „Die Obst Verkäuferin“ dient als Kaiser Beispiel dafür. Fugger bestellte gerne für Feste und Gäste mengenweise frisches Essen. Im Winter waren die Seen gefroren und der Kühltransport über die Alpen optimal. Die kirchliche Fastenzeit wurde für Banketts auch gerne mal ignoriert. Es kamen Blumenkohl, Artischocken, Trüffel und Sämereien für Gärten wie Blumenzwiebel aus Konstantinopel. Aus Bologna köstliche Oliven. Aus Spanien kamen über Genua Honig, Wein, „flor del sol“ (Sonnenblume), Zitronen, Limonen und Pomeranzen. Aus Tirol kamen Äpfel, Birnen, Pflaumen und Kirschen. Aus Brixen Spargel. Kutschenweise Körbe voll Mutter Naturs Reichtum trafen im Schlosshof ein. Italiener waren kulinarisch immer schon einen Schritt voraus und deren Sitten und Mode der letzte Schrei im mittelalterlichen Schwaben. Etwas später sollte auch der Hofmeister dafür Sorge tragen, dass die „jungen Herren Fugger“ in Oberitalien den Wein nicht pur, sondern mit Wasser vermischt trinken sollten.

Die Obst Verkäuferin – 1580 - Italienischer Renaissance Maler Vincenzo Campi, Öl auf Leinwand 143 x 213cm – Pinacoteca di Brera, Mailand Italien

Es herrschten jedoch auch damals viele Mythen, die zu schrecklichen Gesundheitsschäden führten. Gräfin Helena Fugger, Enkelin von Chiara de Medici, brachte 21 Kinder im Zeitraum von 1583 bis 1611 auf die Welt. Elf davon starben im ersten Lebensjahr. Man dachte damals, viel Essen und Trinken macht stark und fruchtbar.

IHR TYPISCHES TAGESMENÜ IM WOCHENBETT SAH SO AUS:

3 Uhr:	Suppe mit Eiern
5 Uhr:	Eiermus von Eiern und Hühnersuppe
7 Uhr:	einige frische Eier
9 Uhr:	Dottersuppe, „Streibeln“ (Spritzkuchen), 1 Glas Traminer
11–12 Uhr:	1 Kapaun, gebratene Vögel, 1 Wildhuhn, 1 Schale Traminer, Brot
13 Uhr:	„Brandküchlein“ mit Wein
15 Uhr:	1 Kapaun, 1 Schüssel kleiner Fische, Wein, Brot, Backwerk
17 Uhr:	Eierkuchen
18 Uhr:	5–6 Gerichte, Gesottenes, Gebratenes, Fische
19 Uhr:	gute Hühnersuppe
21 Uhr:	Dottersuppe mit Beiwerk

Gräfin Helena wurde so schwer, dass sie sich nicht mehr aus Trient fortbewegen konnte. Für ihre Tochter Sibylla Fugger war der dramatische Gesundheitszustand ihrer Mutter sicher eine schwierige emotionale Lebenserfahrung. Vielleicht wurde sie deshalb passionierte Heilkräuterexpertin, richtete ihre eigene Apotheke ein, pflegte Waisenkinder und kümmerte sich ihr Leben lang um Kranke. Die Liebe zu Kräutern und eine gesündere leichtere Küche ist wohl dank Sybilla auch in spätere Fugger-Generationen gesickert.

Fürst Anselm Maria Fugger von Babenhausen pflegte um 1800 seine eigene Rezeptsammlung. Ein Favorit war sein Originalrezept:

DIE BOUILLON ANSELM MARIA:

- Frische Kräuter, „so viel man (jeweils) zwischen drei Finger fassen kann“: Löffelkraut, Kerbel, Gartenkresse, Spinat, Gänseblümchen, Salbei
- Hühnerbrühe
- 1 Eigelb
- Salz und fein geriebene Muskatblüte (Macis)

Die klein gehackten Kräuter mit der Brühe aufgießen und kurz sieden lassen. Danach durch ein Tuch abseihen. Das Eigelb untermischen und mit Salz und Muskatblüte abschmecken.

Viele historische Berühmtheiten aßen lieber Pflanzen als Tiere. Konfuzius, Benjamin Franklin, Leo Tolstoi, Antoni Gaudí, Nikolas Tesla, Mahatma Gandhi, John Coltrane und Prince sind nur einige Beispiele. Legendäre Sportler wie Mike Tyson, Lewis Hamilton, die Williams-Schwestern und Novak Djokovic sind Veganer. Pflanzen schenken Kraft, Energie, Wohlbefinden und viel Amore fürs Herz.

Du brauchst nur in den Garten gehen
Am Markt die bunten Stände sehen
Sprich mit den Händlern, die verstehen
Was frisch ist und auch zu empfehlen
Gemüse waschen schneiden schälen
Den Küchenherd auf Hitze drehen
Musik dazu und ganz viel Lachen
So kannst du Zauberessen machen

„Magische Menschen
bekochen macht mich glücklich“
Franziska Fugger von Babenhausen –
München, 2009

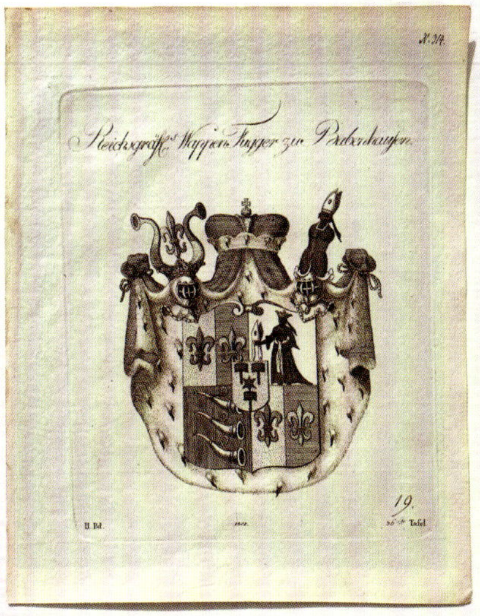

Magisches WERKZEUG IN MEINER KÜCHE

1 Waage
1 Küchenmaschine
1 Mixer
1 großer und 1 kleiner Schneebesen
1 Keramikmesser für Kräuter
1 großes normales und 1 rundes Holzbrett
2 Springformen (Ø 28 cm)
1 Springform (Ø 26 cm) mit Rohrboden (Kranz)
1 Edelstahl-Torten-/Mousse-Ring, Ø verstellbar
2 Kuchengitter
Spritzbeutel mit Lieblingsspitzen
1 Küchenreibe mit feinem Gitter für Zitrusfrüchte
1 Handschäler für Kartoffeln/Gurken/Karotten
1 Teigschaber
1 Knoblauchpresse
1 Zitronenpresse
1 Mehlsieb
1 Nudelsieb
1 großes + 1 kleines Sieb
2 große Kochtöpfe mit Deckel
1 klassische Bratpfanne mit Deckel
1 kleine Pfanne mit Deckel
1 große und 1 kleine Rührschüssel
2 Backbleche + Backpapier
2 Muffin-Backbleche
1 Auflaufform (für Lasagne)
Herz-Ausstechformen, mittelgroß
1 Eismaschine
1 Eiscremelöffel
1 Stabmixer 1200 W für Mayonnaise + Schlagrahm
2 Eiswürfelformen

Magische
TIPPS ZUM START

1. Die Magic Powers der Zutaten im Gesundheitslexikon entdecken!
2. Gute Musik in der Küche: Jedes Rezept hat seinen Groove!
3. Frische Bio-Zutaten, wo immer es geht!
4. Zeit nehmen, lachen und genießen!
5. Kochen = produktive Meditation!

Meine Originalrezepte sind: 100 % zuckerfrei, glutenfrei & pflanzlich vegan, OHNE tierische Produkte (Eier, Fleisch, Fisch oder Milchprodukte). Als Ausgleich zur pflanzlichen Ernährung nehmen wir Vitamin B12 und Vitamin D.

Ich koche mit pflanzlichen Käsesorten der **Firma Simply V:**
Parmesan = Pastagenuss,
Frischkäse = Streichgenuss,
Quark = Frischegenuss,
Geriebener Käse = Reibegenuss,
Käsescheiben = Genießerscheiben

Pasta, Mehl, Brot & Pizza:
Ich liebe glutenfreie Produkte der Firma **Dr. Schär,**
für süßes Gebäck benutze ich deren „Mix Kuchen und Kekse"!

Tamari = glutenfreie Sojasauce (gibt es überall)

Al dente = mit Biss, aber nicht zu hart, 1 Minute kürzer, als auf der Packung angegeben

Nussallergien = Rezepte einfach mit Nüssen deiner Wahl austauschen

Kakao = purer Kakao ohne Zucker!

Kokosmilch = ich nehme immer cremige, nicht fett reduzierte

Kokosschlagrahm (siehe S. 135), sonst vegane Schlagsahne kaufen

Zwiebeln nach dem Schälen immer abwaschen. (keine Tränen)

Keramikmesser zum Kräuterschneiden:
keine chemische Metallreaktion

Knoblauch:
Innenkeim entfernen, riet mir eine weise Lady aus Hongkong

Keine Eismaschine?
Kein Problem, einfach Granita (siehe S. 159) zaubern

Orangen, Zitronen- oder Limettensaft immer frisch gepresst!

Ich mahle gerne **Meersalz** aus der Mühle
Himalaja-Salz ist auch magisch

Mayonnaise - Mayonnaise zaubere ich auf Seite 58, köstlich ist auch die vegane Aioli von **MEGGLE**

Meine Rezepte sind meist für 4 Portionen konzipiert.

Ich benutze Ober- & Unterhitze im Ofen:
für Umluft ca. 20 °C niedriger rechnen

Auf die Plätze, fertig, los!

BREAK-FAST & BRUNCH

Ginger-Mango-Limoncello
Pink Lemonade
Melon Surprise
Kiwi Carpaccio
Chia Vanilla Apricot Pudding
Chia Chocolate Strawberry Pudding
Maple Pecan Roll
Cashew-Butter-Toast
Cacaocream & Banana Toast
Plum or Kiwi Muffins
Magic Vanilla Cream Muffins
Piña Colada Pancakes
Blueberry Mango Pancakes
Fig Monsieur
Quince Cake with Chocolate
Peaches & Peppermint Cream
Spicy Avocado Bruschetta
Kohlrabi-Cocktail
Artichoke-Vinaigrette
Basil Hummus
Crêpes Aubergines
Magic Mushrooms
Sweet Potato Fries
Saffron or Snow White Mayonnaise
Elotes Mexicanos

GINGER-MANGO-
Limoncello

Dieses magische Elixier erfand ich, als Mauro und ich vor einigen Jahren den Alkohol ganz aufgaben. Frisch, scharf, süß und sauer erweckt dieser Zauber-Limoncello Körper und Seele zu neuem Leben. Er reinigt die Leber und stärkt das Immunsystem. Der perfekte Start in den Tag und in ein neues Leben!

FÜR 1 FLASCHE
VON 750 ML

100 g reifes Mangofleisch
50 g frischer Ingwer, geschält (Mauros super Turbokick!)
150 ml Zitronensaft (ca. 4 Zitronen)
100 ml frischer Orangensaft (1 große Orange)
3 EL Ahornsirup
400 ml stilles Wasser

Mango und Ingwer klein würfeln. Alle Zutaten bis auf das Wasser 3 Minuten im Mixer pürieren. In der letzten Minute Wasser dazugießen. Abseihen und dabei mit einem Löffel das Ingwer-Mango-Mus nach unten drücken, um jeden Tropfen Göttlichkeit zu ergattern. Durch ein Sieb und einen Trichter in eine leere verschließbare Glasflasche gießen. Im Kühlschrank aufbewahren. Vor dem Servieren die Flasche gut schütteln.

Für Kinder mit mehr Mangofleisch und weniger Ingwer zubereiten.

GESUNDHEITS-LEXIKON

INGWER
SEITE 193

MANGO
SEITE 172

ZITRONE
SEITE 175

TIPP

Ein Schuss Ginger-Mango-Limoncello in der Früh: Goodbye Toxic Troubles!

PINK Lemonade

JOHANNISBEEREN-LIMONADE

BREAKFAST & BRUNCH

Rubinrote Johannisbeeren explodieren im Sommer in unserem Country-Atelier-Garten. In Drinks schwimmend und auf Nachspeisen gelegt, sind sie köstliche Vitamin-C-Bomben. Ich genieße diese Frucht am meisten in rosa Limonade verwandelt. So schmeckt sie wie Champagner für die Feenkönigin.

FÜR 1 FLASCHE VON 750 ML
200 g Johannisbeeren, gewaschen, vom Stiel gezupft
100 ml Zitronensaft (3 Zitronen)
100 ml Orangensaft (1 Orange)
6 EL Ahornsirup
350 ml Mineralwasser

FÜR DIE GLÄSER ZUM SCHLUSS
Zitronenscheiben
Eiswürfel
ein paar extra Johannisbeeren

Alle Zutaten bis auf das Wasser im Mixer 3 Minuten geschmeidig pürieren. In der letzten Minute das Wasser dazugießen. Gründlich sieben. Dabei das Beerenmus mit dem Löffel nach unten drücken und jeden Tropfen Göttlichkeit ergattern.

Wer die Limonade ohne Johannisbeerenschaum servieren möchte, kann ihn einfach von der Oberfläche ablöffeln. Ich liebe den Schaum!

Zum Servieren die Zitronenscheiben an den Glasrand stecken. Eiswürfel und einige Beeren dazu. Am besten in der Sonne genießen!

TIPP

Im Sommer Johannisbeeren sammeln & einfrieren für Winter Pink Lemonade!

GESUNDHEITS-LEXIKON

JOHANNIS-BEERE
SEITE 171

ZITRONE
SEITE 175

ORANGE
SEITE 173

Melon SURPRISE

MELONEN-ÜBERRASCHUNG

Durstlöscher an heißen Sommertagen gibt es viele. Leider sind sie meistens voll Zucker und Farbe. Dieser magische Melonenturm ist ein süßer Augenschmaus und schenkt zugleich dem Körper nur Gutes. Unser Favorit zum Frühstück, Brunch oder als wunderbare Erfrischung am Nachmittag!

FÜR 4 PORTIONEN
4 verschiedene Melonen (ähnlich groß, wenn möglich)
3 EL Agavendicksaft (je nach Süße der Melonen anpassen)
2 EL Zitronensaft
½ TL Vanillemark, aus der Schote
1 kleine Prise Salz
4 Basilikumblätter

Melonenschale mit scharfem Messer vom Fruchtfleisch entfernen. Nackte Melonenkugeln in ca. 2 cm dicke Scheiben schneiden. Kerne aus jeder Scheibe mit einem Löffel entfernen. Auf einem Teller etwa 1 Kilo der Ringe von allen vier Melonen zu einem Turm mit Deckel bauen. 500 g des restlichen Fruchtfleisches in Stücke schneiden. (Übrige Melonenscheiben für frischen Obstsalat aufheben.)

Melonenstücke mit Agavendicksaft, Zitronensaft, Vanille und Salz in der Küchenmaschine für 3 Minuten pürieren. Durch ein Sieb passieren. In die Eismaschine geben oder Melonen-Granita machen (siehe S. 159).

Melonenturm-Deckel abheben, leere Mitte bis oben mit Sorbet füllen, Deckel wieder aufsetzen und sofort servieren.

GESUNDHEITS-LEXIKON

MELONE
SEITE 172

VANILLE
SEITE 195

ZITRONE
SEITE 175

TIPP

Melonenfleisch wird schnell verdaut. Idealer Tagesstart auf leeren Magen.

KIWI-RED BEET-Carpaccio

KIWI-ROTE-BETE-CARPACCIO

BREAKFAST & BRUNCH

Diese Farbexplosion ist eine traumhaft köstliche und gesunde Nachspeise, vor allem im Winter, wenn Vitaminschübe essenziell sind. Die unerwartet schmackhafte Kombination von Kiwi und Roter Bete ist magisch und macht den Kindern großen Spaß beim Essen.

FÜR 4 PORTIONEN
50 g vegane Schokolade
60 g Pekannusskerne
3 EL Rote-Bete-Saft
4 EL Kokosmilch
¼ TL Vanillemark, aus der Schote
1 EL Ahornsirup
4 reife Kiwis
4 kleine Rote Beten, geschält und gekocht

Schokolade im Wasserbad schmelzen. Pekannüsse auf Teller oder Kuchengitter legen und mit heißer Schokolade beträufeln. Rote-Bete-Saft, Kokosmilch, Vanille und Ahornsirup mit einem kleinen Schneebesen in einer Schüssel geschmeidig rühren. Kiwis schälen, hauchdünn schneiden und in Fächerform jeweils auf 4 Teller legen. Rote Bete genauso schneiden und unterhalb des Kiwifächers platzieren.

2 EL der Rote-Bete-Saft-Sauce jeweils in 4 kleine Dipschüsseln geben. Zum Schluss 6–8 Schokoladen-Pekannüsse dazusetzen. Jeder träufelt die Sauce selbst über die Teller. Meine Mäuse essen dieses Gericht gerne mit Messer und Gabel.

GESUNDHEITS-LEXIKON

KIWI
SEITE 172

ROTE BETE
SEITE 184

PEKANNUSS
SEITE 191

TIPP

Rote Bete schmeckt am besten dunkelpink und nicht braun gekocht!

Chia Vanilla APRICOT PUDDING

CHIA-VANILLE-APRIKOSEN-PUDDING

Dieses Rezept ist ein Frühstückshit bei unseren Kindern. Die Kombination aus Vanille und Aprikose hat etwas ganz Spezielles. Vor allem hat sie magische Kräfte. Sie schenkt Schönheit und gute Stimmung: der perfekte Start in den Tag. Unbedingt Aprikosen- und Vanille-Zauberkraft im Gesundheitslexikon nachlesen!

FÜR 4 PORTIONEN
400 ml Reis-, Kokos- oder pflanzliche Milch deiner Wahl
60 g Chiasamen
5 EL Ahornsirup
1 TL Bourbonvanille, gemahlen
1 TL Kurkumapulver
3 frische Aprikosen (im Winter getrocknete Aprikosen verwenden)
4 Minzeblätter, optional

Alle Zutaten bis auf die Aprikosen mit dem Schneebesen geschmeidig rühren. In 4 schöne Gläser gießen. Ich nehme auch gerne robuste Weingläser. Für ein paar Stunden, am besten über Nacht, kühlen. Kurz vor dem Servieren frische Aprikosen in dünne Scheiben schneiden. Pudding damit belegen.

Als Nachspeise auch elegant mit einem Spritzer Kokosschlagrahm (siehe S. 138) und einem Minzeblatt.

GESUNDHEITS-LEXIKON

CHIA
SEITE 190

VANILLE
SEITE 195

APRIKOSE
SEITE 167

Chia Cacao STRAWBERRY PUDDING

CHIA-SCHOKOLADE-ERDBEER-PUDDING

BREAKFAST & BRUNCH

Dieses Rezept ist Mauros Lieblingsfrühstück. Eigentlich trinkt er morgens nur seinen heißen Dinzler-Espresso Roma. Wenn ich ihm aber diesen magischen Pudding am Abend vorher in den Kühlschrank zaubere, wird er morgens vor dem Gang ins Atelier jedes Mal davon verführt.

FÜR 4 PORTIONEN
400 ml Reis-, Kokos- oder pflanzliche Milch deiner Wahl
60 g Chiasamen
5 EL Ahornsirup
4 EL Kakaopulver
½ TL Zimt, gemahlen
8 frische Erdbeeren
4 Minzeblätter, optional

Alle Zutaten bis auf die Erdbeeren mit dem Schneebesen geschmeidig rühren. In 4 schöne Gläser gießen. Ich nehme gerne Whiskeygläser oder robuste Weingläser. Für ein paar Stunden, am besten über Nacht, kühlen. Kurz vor dem Servieren frische Erdbeeren in dünne Scheiben schneiden. Pudding damit belegen. Im Winter Obst deiner Wahl nehmen. Bananen, Orangen oder Mandarinen sind fantastisch dazu.

Als Nachspeise auch elegant mit einem Spritzer Kokosschlagrahm (siehe S. 135) und einem Minzeblatt.

GESUNDHEITS-LEXIKON

KAKAO
SEITE 193

ERDBEERE
SEITE 169

CHIA
SEITE 190

TIPP

Mit einer Portion dieser Puddings ist der Tagesbedarf an Chiasamen gedeckt!

TIPP

Die magisch duftende Rolle passt perfekt zum Tee oder als Nachspeise mit Cashew-Vanilleeis (S. 138)!

MAPLE Pecan Roll

AHORN-PEKANNUSS-ROLLE

BREAKFAST & BRUNCH

Auf den Flughäfen in den USA riecht es manchmal verführerisch. Das sind meistens die Diabetes-Bomben namens „Cinnamon Buns". Nach einer inspirierenden Kunstreise mit Mauro nach Venedig zur Biennale, tanzte mir diese „elegant-zimtige" Maple Pecan Roll aus den Fingerspitzen. Die gesunde Hochzeit von US-Buns mit der deutschen Nussrolle samt italienischem Flair: Der Favorit meines Papis.

TEIG
200 g Mandeln
250 g Mehl
1 Prise Salz
2 EL Backpulver
1 reife Banane
3 EL Ahornsirup
3 EL Sonnenblumenöl
100 g Datteln
1 TL Bourbonvanille, gemahlen
150 ml Orangensaft
400 ml Kokosmilch

PEKANNUSSCREME
4 EL Ahornsirup
4 EL Kokosblütenzucker
200 g Pekannusskerne
1 EL Zimt, gemahlen
1 TL Muskat, gemahlen
1 TL Bourbonvanille, gemahlen
1 TL geriebene Orangenschale
1 TL geriebene Zitronenschale
50 ml Orangensaft
100 ml Kokosmilch

TOPPING
Ca. 10 extra Pekannusskerne,
4 EL Ahornsirup & Zimt, gemahlen

Ofen auf 250 °C (Umluft 230 °C) vorheizen. 2 Backbleche mit Backpapier auslegen. Mandeln 30 Sekunden in der Küchenmaschine zerkleinern. In eine große Rührschüssel geben, Mehl daraufsieben und Salz und Backpulver dazugeben. Mit einem Schneebesen vermischen. Banane, 3 EL Ahornsirup, Sonnenblumenöl, Datteln, Vanille und Orangensaft 2 Minuten in der Küchenmaschine pürieren. Langsam die Kokosmilch dazuschütten. 30 Sekunden weitermixen. Alles mit dem Schneebesen unter die Mehlmischung rühren. Den Teig mit einem Teigschaber gleichmäßig auf beide Backbleche verteilen. Ofen auf 200 °C (Umluft 180 °C) herunterregeln. Teig ca. 15–18 Minuten backen. Er soll zusammenhalten, aber weich genug zum Einrollen sein.

Alle Zutaten für die Pekannusscreme in der Küchenmaschine 2 Minuten geschmeidig mixen. Die Backbleche aus dem Ofen nehmen, den Ofen anlassen. Die Hälfte der Creme gleichmäßig auf einem Teig verteilen. Den anderen Teig samt Backpapier vom Blech auf ein großes Holzbrett ziehen, 10 Minuten abkühlen lassen. Mit beiden Händen unter das Backpapier gleiten, heben und genau auf die mit Nusscreme bestrichene Teigfläche stülpen. Papier abziehen. Restliche Creme auf der oberen Teigschicht verteilen. Backpapier links und rechts an kürzerer Seite anheben. Mithilfe des Papiers Teig vorsichtig einrollen. Keine Sorge, wenn er etwas reißt. Rolle an den langen Seiten sanft zusammendrücken, auf mit Backpapier bedecktes Blech heben. 2 EL Ahornsirup darübergießen, Nüsse auf den Rollenrücken legen. Mit Zimt bestreuen und noch einmal 2 EL Ahornsirup darüberträufeln. Ca. 40 Minuten im Ofen goldbraun fertig backen. Abkühlen lassen. Rollenenden mit dem Brotmesser abschneiden.

GESUNDHEITS-LEXIKON

AHORNSIRUP
SEITE 192

PEKANNUSS
SEITE 191

ZIMT
SEITE 195

MUSKAT
SEITE 194

DATTEL
SEITE 169

CASHEW-
Butter-Toast

BREAKFAST & BRUNCH

Butter tut meiner Seele gut, wenn sie pflanzlich, tierfreundlich und gesund ist. Schwarzkümmel, auch „Nigella“ genannt, hat magische Kräfte zum Beispiel als Schutz gegen Zecken! Im Kühlschrank hält sich diese cremig-weiche Wunderbutter ca. 5 Tage. Bei uns überlebt sie nie so lange.

FÜR CA. 250 G BUTTER
200 g Cashewkerne, für 2 Stunden oder über Nacht eingeweicht
1 TL Kurkumapulver
1 TL Schwarzkümmel, ganz
1 TL Knoblauchh, granuliert
1 TL Meersalz, gemahlen
½ TL Kokosblütenzucker
Pfeffer & Chili (wer es schärfer mag)

Eingeweichte Cashewkerne gründlich abtrocknen. Alle Zutaten in der Küchenmaschine 3–4 Minuten zu cremiger Butter mixen.

Maschine ein paarmal stoppen, um Cashewstücke von den Seiten oder vom Boden zu lockern. In ein verschließbares Glas füllen.

Deckel erst zudrehen, wenn die Butter ganz abgekühlt ist. Köstlich mit Toast, Focaccia (z.B. von Dr. Schär) oder als Dip für Gemüsesticks.

GESUNDHEITS-LEXIKON

CASHEW
SEITE 189

KURKUMA
SEITE 194

KÜMMEL
SEITE 194

KNOBLAUCH
SEITE 179

TIPP

Super Gastgeschenk für Freunde, die neugierig auf veganes Essen sind.

SimplyV

CACAOCREAM Banana Toast

KAKAOCREME
& BANANENTOAST

BREAKFAST
& BRUNCH

12 Jahre lang kreierte Mauro in Italien Werbefilme und Kampagnen für Ferrero und Nutella. Er selbst ist allergisch gegen Milchprodukte, konnte sie also nie selbst essen. Meine Kakaocreme ohne Palmfett und Zucker kann er nun endlich genießen. Dies ist das Lieblingsrezept unserer Tochter Blue. Gut im Kühlschrank verstecken, sonst schlecken kleine Naschkatzen gleich alles weg!

FÜR 1 GLAS VON 380 G
150 g Mandeln
150 g Haselnusskerne
6 EL Kokosblütenzucker
4 EL Kakaopulver
1 TL Zimt, gemahlen
1 Prise Salz

ZUM SERVIEREN
Toast oder Lieblingsbrot (Ich liebe das "Meisterbäckers Classic"-Toast von Dr. Schär)
1 Banane

TIPP

Geduld! Die Zubereitung dauert ca. 20 Minuten. Perfekt auf Eis, Desserts und Obst!

Backofen auf 250 °C (Umluft 230 °C) vorheizen.

Mandeln und Haselnüsse auf ein Backblech geben. Knappe 8 Minuten im Ofen rösten. Auf ein Küchentuch legen, Spitzen des Tuches in die Hand nehmen und so zu einem kleinen Sack formen. Nüsse aneinanderreiben, um vor allem die Haselnusshaut zu entfernen. Etwas Haut, vor allem bei Mandeln, kann übrig bleiben.

Alle Zutaten ca. 20 Minuten in der Küchenmaschine zerkleinern, die ersten 10 Minuten auf niedriger und dann auf hoher Stufe. Immer wieder stoppen und die Nussmasse, die an Rand und Boden festsitzt, mit einem Löffel lockern. Geduldig sein, bis sich alles in schimmernd geschmeidig flüssige Kakaocreme verwandelt. In ein verschließbares Glas gießen, ganz abkühlen lassen und Deckel drauf.

Brot toasten und mit Creme bestreichen. Banane in Scheiben schneiden und das Brot damit belegen. Das perfekte Frühstück!

GESUNDHEITS-LEXIKON

KAKAO
SEITE 193

BANANE
SEITE 168

HASELNUSS
SEITE 190

ZIMT
SEITE 195

PLUM OR KIWI Muffins

PFLAUMEN- ODER KIWI-MUFFINS

BREAKFAST & BRUNCH

Saftig süße Muffins sind meine Lieblingsverarbeitungsart dieser Zauberfrüchte. Unsere Mäuse können die Sommerzeit kaum erwarten und pflücken bzw. schütteln immer fleißig an unserem Pflaumenbaum. Die Kombination mit Mandeln im Teig lässt himmlische Marzipandüfte aus dem Ofen steigen.

FÜR CA. 14 MUFFINS
200 g Mandeln
200 g Mehl
1 Prise Salz
3 EL Backpulver

NASSE ZUTATEN
250 g Pflaumen, entsteint oder Kiwis, geschält
1 reife Banane
200 ml Kokosmilch
3 EL Ahornsirup
4 EL Kokosblütenzucker
2 EL Sonnenblumenöl
1 TL Bourbonvanille, gemahlen

FROSTING
100 g Frischkäse
1 EL Agavendicksaft
Für Pflaumen-Muffins:
1 TL Rote-Bete-Saft + ½ TL Blue Spirulina (gibt's online)
oder: ein paar Tropfen rote und blaue Lebensmittelfarbe
Für Kiwi-Muffins:
grüne Lebensmittelfarbe
2 Muffin-Backbleche, Muffin-Backpapierförmchen & Kokosöl
ca. 6 extra Pflaumen oder Kiwis als Topping

Ofen auf 250 °C (Umluft 230 °C) vorheizen. Backpapierförmchen mit Kokosöl bestreichen. 2 Muffin-Backbleche damit füllen. Mandeln 30 Sekunden in der Küchenmaschine zerkleinern. In eine große Schüssel geben. Mehl darübersieben, Salz und Backpulver dazu. Mit dem Schneebesen vermischen.

Die 6 Pflaumen für das Topping der Länge nach in Stücke schneiden (jeweils 3 pro Muffin), für die Kiwi-Muffins 6 Kiwis in dünne Scheiben schneiden.

Alle nassen Zutaten 2 Minuten in der Küchenmaschine pürieren. Zu der Mehlmischung in die Schüssel geben und zu einem geschmeidigen Teig rühren. Gute 5 Minuten ruhen lassen. Jeweils 2 EL Teig in die Muffin-Förmchen löffeln und mit jeweils 3 Pflaumenstreifen oder 1 Kiwi Scheibe belegen. Ofenhitze auf 200 °C (Umluft 180 °C) herunterregeln. 35–40 Minuten backen, auf einem Kuchengitter abkühlen.

Frosting-Zutaten (lila oder grün) mit einem kleinen Schneebesen geschmeidig rühren. Spritzbeutel mit Lieblingsspitze vorbereiten. Creme hineinlöffeln. Im Kühlschrank lassen, bis Muffins ganz abgekühlt sind. Beliebig dekorieren und bis zum Servieren kühl stellen.

GESUNDHEITS-LEXIKON

PFLAUME
SEITE 174

KIWI
SEITE 172

MANDEL
SEITE 191

KOKOS
SEITE 190

TIPP

Für eine goldene Knusperkruste gerne ein paar Minuten länger backen!

MAGIC VANILLA Cream Muffins

MAGISCHE VANILLE-CREME-MUFFINS

BREAKFAST & BRUNCH

Weiche Vanillecreme-Wolken auf magischen Schokoladen-Muffins sind eine himmlische Kombination. Sie purzelten mir eines sonnigen Morgens aus den Fingern. Die Kids dekorieren ihre Genuss-Muffins gerne wie ihre eigenen Kunstleinwände. Ich setze am liebsten eine Erdbeere drauf.

FÜR 16 MUFFINS
200 g Haselnusskerne
(Andere Nüsse für Allergiker)
200 g Mehl
1 Prise Salz
3 EL Backpulver

NASSE ZUTATEN
1 reife Banane
300 ml Kokosmilch
1 EL Ahornsirup
1 TL geriebene Orangenschale
3 EL Orangensaft
2 EL Sonnenblumenöl
50 g Kakao
1 TL Bourbonvanille, gemahlen
½ TL Zimt, gemahlen
¼ TL Muskat, gemahlen
6 EL Kokosblütenzucker

MAGIC CREAM
300 g veganer Frischkäse
5 EL Agavendicksaft
1 EL Zitronensaft
Vanillemark von 1 Schote

2 Muffin-Backbleche, Muffin-Papierbackförmchen & Kokosöl zum Bestreichen

Ofen auf 250 °C (Umluft 230 °C) vorheizen. Muffin-Backförmchen mit Kokosöl bestreichen. 2 Muffin-Backbleche damit füllen (oder auf normale Backbleche legen). Nüsse 30 Sekunden in der Küchenmaschine zerkleinern. In eine große Schüssel geben. Mehl darübersieben, Salz und Backpulver dazu. Mit dem Schneebesen vermischen.

Nasse Zutaten 2 Minuten in der Küchenmaschine pürieren. Zu der Mehlmischung geben und zu Teig verrühren. 1 gehäuften EL Teig in jede Muffinform streichen. Ofenhitze auf 200 °C (Umluft 180 °C) herunterregeln. Ca. 30 Minuten backen. Muffins auf einem Kuchengitter abkühlen lassen.

Die Zutaten für die Creme mit einem kleinen Schneebesen geschmeidig rühren. Spritzbeutel mit Lieblingsspitze vorbereiten und Creme hineinlöffeln. Großzügige Hauben auf die erkalteten Muffins spritzen. Die Muffins halten sich wunderbar ein paar Tage im Kühlschrank.

GESUNDHEITS-LEXIKON

VANILLE
SEITE 195

HASELNUSS
SEITE 190

KOKOS
SEITE 190

KAKAO
SEITE 193

TIPP

Lustige Toppings sind Blue Spirulina, Früchte oder Schokoladenraspel!

PIÑA COLADA Pancakes

ANANAS-KOKOS-PFANNKUCHEN

BREAKFAST & BRUNCH

Ein tropischer Traum, der jeden an paradiesische Plätze entführt. Diese bei Klein und Groß beliebten Luxus-Pfannkuchen schenken sonnige Zauberkraft und Lebenslust. Über die Magic Powers von Ananas und Kokos im Gesundheitslexikon lesen!

FÜR 4 PORTIONEN
1 große reife Ananas
100 g Mandeln, blanchiert
50 g Kokosraspel
150 g Mehl
1 Prise Salz
1 EL Backpulver
etwas Kokosöl für die Pfanne

NASSE ZUTATEN
100 g Ananasfruchtfleisch
1 reife Banane
200 ml Kokosmilch
3 EL Sonnenblumenöl
3 EL Kokosblütenzucker
4 EL Agavendicksaft
½ TL Bourbonvanille, gemahlen oder aus der Schote

TOPPING
Kokosschlagrahm (siehe S. 135) oder veganer Schlagrahm & extra Ananasstücke

Ananas schälen. Holzigen Teil mit einem Ananasstecher entfernen oder später mit einem kleinen Messer aus den Scheiben herausschneiden. 100 g Fruchtfleisch für den Teig zur Seite legen. Den Rest in dünne Scheiben schneiden. Mandeln in der Küchenmaschine 20 Sekunden zerkleinern und in eine Rührschüssel geben. Mehl daraufsieben, Kokosraspeln, Salz und Backpulver hinzufügen.

Die nassen Zutaten in der Küchenmaschine geschmeidig mixen. In die Mehlmischung einrühren. Antihaftpfanne auf mittlere Hitze stellen und ½ TL Kokosöl schmelzen. 1 EL Teig pro Pfannkuchen hineingeben, 1–2 Minuten den Deckel daraufsetzen, bis kleine Bläschen im Teig hochsteigen.

Pfannkuchen mit einem Teigschaber wenden. Den Deckel wieder daraufsetzen und den Pfannkuchen ca. 1 Minute weiterbacken. Zum Abkühlen auf ein Kuchengitter legen. Fertige Pfannkuchen abwechselnd mit Ananasscheiben stapeln. Mit Schlagrahm und Ananassstückchen als Krönung toppen!

GESUNDHEITS-LEXIKON

ANANAS
SEITE 167

MANDEL
SEITE 191

KOKOS
SEITE 190

BANANE
SEITE 168

TIPP

Mit Geduld backen. Pfanne nicht zu heiß machen, sonst werden die Pancakes dunkel!

BLUEBERRY

BLUEBERRY MANGO Pancakes

HEIDELBEER-MANGO-PFANNKUCHEN

BREAKFAST & BRUNCH

Am Wochenende gibt es nichts Schöneres, als mit dem Duft von warmen Pfannkuchen aufzuwachen. Dieses Geschenk mache ich meinen Liebsten sehr gerne. Vor allem an dunklen Herbst- und Winterabenden zaubere ich manchmal „Magic Pancake Dinners“ und gewinne damit immer strahlende Glücksgesichter!

FÜR 4 PORTIONEN
100 g Mandeln
150 g Mehl
1 Prise Salz
1 EL Backpulver
etwas Kokosöl für die Pfanne

NASSE ZUTATEN
200 ml Kokosmilch
100 g frische Mango
1 reife Banane
½ TL Bourbonvanille, gemahlen oder aus der Schote
3 EL Sonnenblumenöl
1 EL Kokosblütenzucker
2 EL Ahornsirup, mehr zum Beträufeln
100 g frische Heidelbeeren

TOPPING
3–4 Mangoscheiben
& 1 Handvoll Heidelbeeren

Mandeln in der Küchenmaschine 30 Sekunden zerkleinern. In Rührschüssel geben. Mehl daraufsieben, Salz und Backpulver dazu. Mit Schneebesen gut vermischen. Die nassen Zutaten bis auf die Heidelbeeren in der Küchenmaschine geschmeidig mixen. Mit dem Schneebesen in die Mehlmischung rühren. Die Heidelbeeren sanft dazumischen. Den Teig 10 Minuten ruhen lassen.

Antihaftpfanne auf mittlere Hitze stellen und ½ TL Kokosöl schmelzen. 1 EL Teig pro Pfannkuchen hineingeben und Deckel daraufsetzen. 1–2 Minuten backen. Sobald kleine Bläschen im Teig hochkommen, Pfannkuchen umdrehen und Deckel drauf. 1 knappe Minute weiterbacken.

Zum Abkühlen auf ein Kuchengitter legen. Fertige Pfannkuchen auf Servierteller stapeln. Heidelbeeren und Mangostücke daraufgeben und um den Tellerrand legen. Ahornsirup darüberträufeln. Eintauchen!

GESUNDHEITS-LEXIKON

HEIDELBEERE
SEITE 170

MANGO
SEITE 172

MANDEL
SEITE 191

AHORNSIRUP
SEITE 192

TIPP

Auch zum Niederknien mit frischen Erdbeeren und Bananen!

FIG Monsieur

ÜBERBACKENER KÄSETOAST MIT FEIGEN

BREAKFAST & BRUNCH

Geschmolzene Käse-Schinken-Toasts waren für mich auf Reisen oft die Rettung, wenn es sonst gar nichts Ordentliches zu essen gab. Die Franzosen machen die besten Croque Monsieurs. Meine magische Kreation mit süßen Feigen und knusprig gebackenem veganem Käse schenkt Mauro immer Gänsehaut.

FÜR 2 FIG MONSIEURS
1 TL Dijonsenf
1 TL Zitronensaft
2 Prisen Salz
¼ TL Muskat, gemahlen
50 ml Kokosmilch (den cremigen Teil von der Dosen-/Packungsoberfläche benutzen)
4 Toastscheiben (wir lieben das „Meisterbäcker Vital“- Toast von Dr. Schär)
4 vegane Käsescheiben
4 reife Feigen
80 g veganer geriebener Käse (oder mehr, wer mag)
½ TL Paprikapulver & Pfeffer

Ofen auf 250 °C (Umluft 230 °C) vorheizen. Backblech mit Backpapier belegen.

Dijon, Zitronensaft, Salz, Pfeffer, Muskat und Kokosmilch in einer Schüssel geschmeidig rühren. Brot toasten. Feigen in dünne Scheiben schneiden. Jeweils 1 TL Creme auf jeden Toast streichen.

2 der 4 Toastscheiben wie folgt belegen: 1 Käsescheibe, 2–3 Feigenscheiben, 1 TL geriebenen Käse, wieder 1 Käsescheibe und 2–3 weitere Feigenscheiben. Dann den zweiten Toast mit der Cremeseite auf die Käse-Feigen-Schicht legen. Beide Toasts mit jeweils 2 TL Creme bestreichen. Restlichen geriebenen Käse darüberstreuen. Übrige Creme daraufträufeln, Paprika und Pfeffer darüberschneien lassen.

Ca. 20 Minuten im Ofen knusprig backen. Mit frischen Feigen servieren.

GESUNDHEITS-LEXIKON

FEIGE
SEITE 170

MUSKAT
SEITE 194

KOKOS
SEITE 190

TIPP

Unbedingt Feigen-Power im Gesundheitslexikon nachschlagen!

QUINCE

Quince Cake
WITH CHOCOLATE

QUITTENKUCHEN MIT SCHOKOLADE

BREAKFAST & BRUNCH

Unsere gerettete Stute „Honey Bunny“ lebt im Stall bei meiner Freundin Irene. Hinter der Pferdekoppel steht ein magischer Quittenbaum. Im Winter schenkt Reni uns ihre goldenen Zauberfrüchte kistenweise. Eines Tages backte ich diesen einfachen Kuchen daraus und meine Kinder tanzten vor Glück.

FÜR 1 SPRINGFORM (Ø 26 CM) MIT ROHRBODEN (KRANZFORM)
etwas Kokosöl für die Form
200 g Cashewkerne
200 g Mehl
1 Prise Meersalz
2 EL Backpulver
500 g vegane Schokoladendrops (oder vegane Schokolade klein gehackt)

NASSE ZUTATEN
500 g Quitten, geschält und in dünne Scheiben geschnitten
1 reife Banane
200 g veganer Frischkäse
6 EL Ahornsirup
6 EL Kokosblütenzucker
2 TL Bourbonvanille, gemahlen
300 ml Kokosmilch
1 TL geriebene Zitronenschale
1 EL Zitronensaft

Ofen auf 250 °C (Umluft 230 °C) vorheizen. Springform ganz mit Kokosöl bestreichen.

Cashewkerne 30 Sekunden in der Küchenmaschine zerkleinern. In eine große Schüssel geben. Mehl daraufsieben. Salz und Backpulver dazu. Mit dem Schneebesen gut vermischen.

Nasse Zutaten in der Küchenmaschine 3–4 Minuten fein pürieren. Mit dem Schneebesen in die Mehlmischung einrühren.

Schokoladendrops rundherum in den Kranz des Rohrbodens legen. Teig darüber in die Springform geben, Ofen auf 200 °C (Umluft 180 °C) herunterregeln und ca. 80 Minuten backen. Quitten brauchen Geduld. Mit einem Zahnstocher in den Kuchen stechen, bleibt kein klebriger Teig daran haften, ist der Kuchen fertig. Ca. 15 Minuten ruhen lassen.

Springformring lösen, Holzbrett auf Kuchen legen und umdrehen. Vorsichtig mit einer Messerspitze zwischen Metallboden und Kuchenrand entlangfahren. Boden abheben, Kuchengitter darauf und umdrehen. Weitere 15 Minuten ruhen lassen und dann genießen. Dieser Quittenkuchen ist perfekt zum Frühstück oder Tee.

GESUNDHEITS-LEXIKON

QUITTE
SEITE 175

CASHEW
SEITE 189

VANILLE
SEITE 195

KAKAO
SEITE 193

TIPP
Quittenschneiden braucht Geduld, ein scharfes Messer und Muskelkraft!

Peaches & PEPPERMINT CREAM

PFIRSICHE
& PFEFFERMINZCREME

BREAKFAST
& BRUNCH

Ich glaube, Pfirsiche sind die perfektesten Früchte der Welt. Ihre samtige Haut, ihr saftig-süßes Fleisch, ihr verführerischer Duft: Nicht umsonst ist der Pfirsich in China das Symbol der Unsterblichkeit und der Baum 2,6 Millionen Jahre alt. Wenn die Früchte im Sommer vor Reife platzen, tauchen wir sie in meine frische Pfefferminzcreme.

FÜR 4 PERSONEN
4 reife Pfirsiche

PFEFFERMINZCREME
5 Pfefferminzblätter
150 g veganer Frischkäse
3 EL Agavendicksaft
1 EL Zitronensaft
1 Tropfen Pfefferminzöl/-essenz
(gibt's auch in der Apotheke)

TOPPING
einige Pfefferminzeblätter

Für die Creme die Pfefferminzblätter waschen, trocken schütteln und mit einem Keramikmesser klein schneiden. Die Cremezutaten zusammen mit der Minze mit einem Schneebesen geschmeidig rühren und kühl stellen.

4 kleine Schüsseln mit der Creme befüllen. Pfirsiche waschen, halbieren und entsteinen. In dünne Halbmonde schneiden und wie ein Fächer um den Schüsselrand in die Creme legen. Mit jeweils einem frischem Minzblatt dekorieren.

Der perfekte frische Sommertraum!

GESUNDHEITS-LEXIKON

PFIRSICH
SEITE 173

MINZE
SEITE 188

AHORNSIRUP
SEITE 192

ZITRONE
SEITE 175

TIPP

Unbedingt die Magic Powers des Pfirsichs im Gesundheitslexikon nachschlagen!

SPICY AVOCADO-
Bruschetta

BREAKFAST & BRUNCH

„La bruschetta perfetta!", sagte mein italienischer Maestro, als er dieses Rezept das erste Mal probierte. Er muss es ja wissen. „Mono Boccone" nennt er die bissfertigen Portionen. Sogar der letzte Tropfen Sauce aus der Schüssel wird immer mit Wonne verspeist. Perfekt als Antipasto, Snack oder zu Drinks.

FÜR 4 PERSONEN
6 „Mini-Baguette" von Dr. Schär
400 g Kirschtomaten
1 Knoblauchzehe
2 EL Weißweinessig
1 EL Tamari
1 Chilischote, frisch oder getrocknet
2 EL Orangensaft
8 Basilikumblätter
1 EL veganer geriebener Parmesan
3 EL Olivenöl
1 reife Avocado

Baguette toasten und in kleine bissfertige Stücke schneiden.

Knoblauchzehe in eine Schüssel pressen. Essig, Tamari, Chilischote und Orangensaft hineingeben. Tomaten vierteln, Basilikum klein schneiden und dazumischen. Parmesan und Olivenöl hineinrühren. Avocado halbieren, entsteinen und das Fleisch aus der Schale heben. In kleine Stücke schneiden. Sanft in den Tomatenmix mischen. Kühl stellen.

Jeweils 1 EL Bruschetta-Mix auf jeden Toast löffeln und servieren oder Schüssel auf den Tisch stellen und jede/r baut sich ihre/seine Spicy Avocado-Bruschetta selbst!

GESUNDHEITS-LEXIKON

TOMATE
SEITE 186

AVOCADO
SEITE 168

CHILI
SEITE 192

BASILIKUM
SEITE 187

TIPP

Für die Kleinen eine extra Schüssel ohne Chili zaubern!

KOHLRABI-COCKTAIL

BREAKFAST & BRUNCH

Shrimp- und Hummer-Cocktail waren immer meine Lieblingsvorspeise. Als mein Vater 70 wurde, aßen wir einen riesigen 9-Pfund-Lobster. Im Restaurant sagten sie uns: „This Lobster is 80 years old!“ Er war tatsächlich 10 Jahre älter als mein Papi. Vor Schock nahm ich alle Schalen mit nach Hause und kochte zum Abschied für 2 Tage Hummersuppe. Dieser weise Cousin Neptuns war unser letzter Lobster.

FÜR 4 PERSONEN

COCKTAILSAUCE
150 g weiße Mayonnaise (Rezept S. 58) oder die vegane Aioli von MEGGLE
60 g Tomatensauce oder Ketchup, zuckerfrei
2 TL Dijonsenf
1 TL Paprikapulver
1 Prise Salz & Pfeffer

DRESSING
½ rote Zwiebel, klein gewürfelt
2 EL Zitronensaft
1 TL Dijonsenf
1 EL Tamari
1 EL Weißweinessig
1 TL Ahornsirup
1 EL natives Olivenöl

KOHLRABI UND SALAT
500 g frischer Kohlrabi, geschält
100 g Gurke, geschält, in hauchdünne Scheiben geschnitten
4-6 Eisbergsalatblätter

Alle Zutaten für die Cocktailsauce mit einem kleinen Schneebesen geschmeidig rühren und kühlen.

Für das Dressing alle Zutaten bis auf das Olivenöl verrühren. Ein paar Minuten marinieren. Olivenöl dazugeben.

Kohlrabi in gleich lange Stangen schneiden (ca. 1 cm dick). 4 Cocktailgläser zuerst mit Gurkenscheiben und dann mit Salat ausgelegen. Darüber das Zwiebeldressing träufeln. Darauf jeweils 2 EL Cocktailsauce löffeln. Kohlrabi um den Glasrand in rosa Sauce stellen. Wer mag, der mahlt noch Pfeffer und Chili darüber. Simply magic!

GESUNDHEITS-LEXIKON

KOHLRABI
SEITE 180

GURKE
SEITE 178

SALAT
SEITE 184

TIPP

Knackig und cremig als Kombination mit Karotten, Sellerie & Paprika!

ARTICHOKE Vinaigrette

ARTISCHOCKEN-VINAIGRETTE

BREAKFAST & BRUNCH

Zirpende Zikaden, flatternde Miniröcke und Vintage-Sonnenbrillen gehören zum klassischen Côte-d'Azur-Sommer. Im kühlen Schatten saftige Artischocken genießen, während die Kinder im Wasser planschen natürlich auch. Ohne zu reisen, fliege ich mit diesem Rezept in französische Ferien.

FÜR 4 PERSONEN
4 frische Artischocken
2 EL Meersalz + ½ Zitrone für das Artischockenwasser

VINAIGRETTE
1 TL Dijonsenf
1 EL Weißweinessig
1 EL Zitronensaft
1 EL Orangensaft
1 EL Tamari oder ½ TL Salz
60 ml Kokosmilch
½ TL Kurkumapulver
1 Prise Pfeffer, gemahlen
½ rote Zwiebel
1 EL natives Olivenöl

Artischockenstiele und die kleinsten Blätter entfernen. Die Spitzen, an denen die Blätter wie eine Blüte zusammenkommen, mit einem scharfen Messer abschneiden. Restliche Blätterspitzen mit der Schere stutzen. Unter fließendem Wasser waschen! Der Dreck versteckt sich zwischen den Blättern.

Eine halbe Zitrone auf die abgeschnittene Spitze und den Boden reiben. Die Zitronenhälfte und Meersalz in einen Kochtopf mit Wasser geben. Artischocken mit Kopf nach unten dazu. Deckel darauf und ca. 25 Minuten kochen, bis eine Gabel leicht in den Boden sticht. Abseihen. Auf Küchentuch mit Kopf nach unten abtropfen lassen. Warm oder kalt servieren. Ich bereite sie gerne am Abend vorher zu.

Vinaigrette-Zutaten bis auf Zwiebel und Olivenöl in einer Schüssel cremig rühren. Zwiebel klein würfeln und dazugeben. Ein paar Minuten marinieren. Zum Schluss Olivenöl dazurühren. In 4 kleine Saucenschüsseln löffeln. Mit je einer Artischocke servieren. Die Blätter abziehen und in Sauce tunken. Nicht vergessen, zum Schluss mit einem Löffel das haarige „Heu" abzuheben und das saftige Innenherz zu genießen!

GESUNDHEITS-LEXIKON

ARTISCHOCKE
SEITE 175

ZITRONE
SEITE 175

KOKOS
SEITE 190

ZWIEBEL
SEITE 187

TIPP

Wenn es frische Artischocken gibt, am besten gleich zuschlagen, kochen und kühlen!

BASIL Hummus

BASILIKUM-HUMMUS

BREAKFAST & BRUNCH

Als Mauro während dem Werbefilmfestival in Cannes für einen seiner Fernsehspots prämiert wurde, wohnte er im berühmten Hôtel Martinez. Bis heute schwärmt er von dessen Hummus-Lunch am Strand. Also erfand ich diese duftend grüne Interpretation davon. Mit Gemüse-Sticks zum Eintauchen ist es auch der perfekte Schul- oder Picknick-Snack. Ich serviere ihn meinen Gästen oft zum Drink oder als Antipasto. Delizioso!

FÜR 4 PERSONEN

HUMMUS
20 g frische Basilikumblätter
30g frischer Spinat
400 g Kichererbsen, gekocht
60 ml Kokosmilch
2 EL Zitronensaft
1 EL Limettensaft
2 Knoblauchzehen
1 gestrichener TL Meersalz
2 Prisen Pfeffer
1 EL weißes Tahin (Sesammus)
1 EL Dijonsenf
1 EL Ahornsirup
1 TL Paprikapulver
1 TL Kümmel, gemahlen
3 EL natives Olivenöl

ZUM EINTUNKEN
je 1 rote, gelbe und orangene Paprikaschote
2 Karotten, geschält
1 Gurke, geschält

ZUM SCHLUSS
1–2 EL natives Olivenöl
1 Prise Paprikapulver

Alle Hummus-Zutaten in der Küchenmaschine ca. 5 Minuten geschmeidig mixen. Paprika, Karotten und Gurke in gleichmäßige Stücke schneiden.

Das Gemüse um den Rand eines großen Tellers anrichten. Hummus in eine kleine Schüsseln geben und mit dem Löffelrücken bis zum Rand verteilen, in die Mitte des Tellers stellen. Etwas Olivenöl darüberträufeln, Paprikapulver daraufstäuben und mit Fladenbrot, Toast oder magischer Kräuterpizza (S. 126) servieren.

TIPP

Auch wunderbar klassisch oder Pink mit Roter Bete!

GESUNDHEITS-LEXIKON

BASILIKUM
SEITE 187

KICHERERBSE
SEITE 179

KNOBLAUCH
SEITE 179

PAPRIKA
SEITE 182

TIPP

Je länger die Auberginen mit Salz schwitzen, desto besser schmecken sie!

Crêpes AUBERGINES

EINGEROLLTE AUBERGINEN-PFANNKUCHEN

BREAKFAST & BRUNCH

Mein Lieblingsrestaurant früher hieß „Charly's Crab". Der Besitzer Chuck Muer verschwand eines Tages spurlos samt Familie und Boot im Bermuda Triangle. Dieser dramatische Newsflash blieb mir für immer in Erinnerung. Seine überbackenen Auberginen auch. Meine sind vegan und ebenfalls unvergesslich.

FÜR 4 PERSONEN
3 Auberginen (ca. 1 Kilo)
2 TL Meersalz
für die Auberginen zum Schwitzen

TOMATENSAUCE
5 frische Tomaten (ca. 650g)
2 EL natives Olivenöl
1 Knoblauchzehe
60 g Zwiebel, klein gewürfelt
1 TL Rosmarin, gehackt
1 kleine Chilischote (wer mag)
3 Prisen Pfeffer, frisch gemahlen
100 g veganer geriebener Käse
1 TL Ahornsirup
50 g veganer geriebener Käse zum Überbacken
50 ml Kokosmilch
1 Handvoll Basilikumblätter

Auberginenstiele abschneiden. Der Länge nach in 1 cm dicke Scheiben schneiden (ca. 6 pro Aubergine). Lila Haut an den Endstücken hauchdünn abschneiden. Auf Küchentücher legen. 1 TL Meersalz darübermahlen. Umdrehen und andere Seite ebenfalls salzen. 1–2 Stunden schwitzen lassen.

Ofen auf 250 °C (Umluft 230 °C) vorheizen. 2 Backbleche mit Backpapier belegen. Auberginen gut abtrocknen und darauf verteilen. Ca. 30 Minuten backen. Sie sollen weich in der Mitte und etwas knusprig am Rand sein.

Für die Tomatensauce ein X auf den Boden jeder Tomate schneiden. In heißem Wasser kochen, bis sich die Haut leicht abziehen lässt. Mit kaltem Wasser abschrecken und die Haut ganz entfernen. Das Fruchtfleisch in kleine Stücke schneiden. Olivenöl in einer Pfanne erhitzen und den Knoblauch hineinpressen. Zwiebeln, Rosmarin und ganze Chilischote nach Belieben dazugeben und glasig anbraten. Tomatenstücke hineinrühren. Pfeffer, Käse und Ahornsirup dazu. Ein paar Minuten in der Pfanne andicken.

Die Hitze reduzieren und Chili entfernen. 1 EL der Sauce auf den breiteren Teil jeder Aubergine geben. Einrollen. Jeweils 1 TL Sauce und etwas geriebenen Käse auf die Rollen geben. Nicht salzen! Im Ofen ca. 5 Minuten golden backen. Auf Tellern anrichten, etwas cremige Kokosmilch darüberträufeln. Die Basilikumblätter darüberlegen. Heiß oder kalt servieren.

GESUNDHEITS-LEXIKON

AUBERGINE
SEITE 175

TOMATE
SEITE 186

ZWEIBEL
SEITE 187

ROSMARIN
SEITE 188

Magic MUSHROOMS

MAGISCHE PILZE

BREAKFAST & BRUNCH

Unsere Freundin Mrs. Gay Gaines hatte einen arabischen Koch namens Suhail. Als fliegendes „Amuse-Bouche" servierte er am liebsten gebackene Pilze mit heißem Käse. Sie explodierten dann im Munde aller eleganten Ladies. Meine magischen Champignons fülle ich mit frischem Thymian, Dijonsenf und veganem Käse.

FÜR 4 PERSONEN
500 g Champignons
1 Knoblauchzehe
1 EL frische Thymianblätter
2 TL Dijonsenf
125 g veganer Frischkäse
1 TL Kurkumapulver
40 ml Kokosmilch
2 Prisen Salz & Pfeffer
1 EL Ahornsirup
40 g veganer geriebener Parmesan
40 g veganer geriebener Käse

ZUM SCHLUSS
etwas Paprikapulver
frische Thymianblätter

Ofen auf 250 °C (Umluft 230 °C) vorheizen. 1 Backblech mit Backpapier belegen.

Champignons putzen, die Stiele abdrehen und ganz aus dem Hut entfernen. Mit den Hütchen nach unten (Stielloch sichtbar) auf das Backblech setzen. 20 Minuten im Ofen backen.

Knoblauch in Rührschüssel pressen. Thymian klein schneiden und mit Dijon, Frischkäse, Kurkuma, Kokosmilch, Salz, Pfeffer und Ahornsirup mischen. Die beiden Käsesorten unterheben.

Backblech aus dem Ofen nehmen. Mit einem Ofenhandschuh oder schnell mit der Hand die Pilze einzeln entnehmen, die enstandene Pilzflüssigkeit in eine Schüssel geben und aufbewahren (gut für Suppen) und die Pilze wieder aufs Blech legen. Mit der Käsecreme füllen. 15-20 Minuten weiterbacken – je nachdem wie groß die Pilze sind bzw. wie golden knusprig du sie magst. Zum Schluss etwas Paprikapulver und frische Thymianblätter darüberstreuen.

GESUNDHEITS-LEXIKON

PILZE
SEITE 182

THYMIAN
SEITE 189

KURKUMA
SEITE 194

KNOBLAUCH
SEITE 179

TIPP

Vorsicht! Frisch aus dem Ofen ist der köstliche Käse heißer, als man denkt!

Sweet POTATO FRIES

SÜSSKARTOFFEL-POMMES

BREAKFAST & BRUNCH

„French Fries" sind ein Muss für bestimme Momente im Leben. Diese hier sind gebacken und frei von unangenehmen Frittier-Nebenwirkungen. Du kannst das Rezept auch wunderbar mit normalen Kartoffeln oder Karotten zaubern und in Gewürzmischungen deiner Wahl wälzen.

FÜR 4 PERSONEN
800 g Süßkartoffeln, geschält
1 EL Speisestärke
2 TL süßes Paprikapulver
2 TL Knoblauch, granuliert
2 EL Sonnenblumenöl
1 TL Chili oder Cayennepfeffer (für Kinder ½ TL)
1 TL Kümmel, gemahlen
1 TL Kurkumapulver
½ TL Kokosblütenzucker
1 EL Ahornsirup
1 EL Ketchup (zuckerfrei wenn möglich)
1 EL Dijonsenf
1 EL Orangensaft
½ TL Pfeffer, gemahlen
½ TL Zimt, gemahlen

ZUM SCHLUSS
2–3 Prisen Salz

Eine große Schüssel mit Wasser füllen. Die Süßkartoffeln mit einem großen scharfen Messer in gleichmäßig lange Stücke schneiden (ca. 8 cm lang, 1 cm breit, 1 cm dünn). Mindestens 2 Stunden, am besten über Nacht, einweichen.

Die Kartoffelstücke in ein Sieb geben, gut abtrocknen und in Speisestärke wälzen. Ofen auf 250 °C (Umluft 230 °C) vorheizen. 2 Backbleche mit Backpapier belegen. Restliche Zutaten in einer großen Schüssel cremig rühren. Kartoffeln darin mit den Händen wälzen und gleichmäsßig aufgereiht auf die Backbleche verteilen (nicht zu nah aneinander). 30 Minuten backen.

Pommes umdrehen und noch ca. 15–20 Minuten knusprig backen, je nach Leistung deines Ofens. Achtung! Salz erst zum Schluss darübermahlen. Mit Safran-Mayonnaise servieren (siehe S. 58).

GESUNDHEITS-LEXIKON

KARTOFFEL
SEITE 179

KNOBLAUCH
SEITE 179

KURKUMA
SEITE 194

CHILI
SEITE 192

TIPP

Für Karotten-Pommes das Einweichen überspringen und kürzer backen.

SAFFRON OR SNOW WHITE Mayonnaise

SAFRAN- ODER SCHNEEWEISSE MAYONNAISE

BREAKFAST & BRUNCH

Dieses seidige Traumrezept ohne Zucker und Eier ist der perfekte Lover für Süßkartoffel-Pommes, Burger, Sandwiches und Gemüsesticks. Geduld ist der Schlüssel zur magischen Mayonnaise. Du brauchst einen 1200-W-Stabmixer, der gute 5–7 Minuten, ohne zu überhitzen, beim Pürieren mithalten kann.

FÜR 1 GLAS VON 250 G

¼ TL Safran, Fäden oder gemahlen – bei weißer Mayonnaise weglassen
90 ml Sojamilch (ungesüßt)
120 ml Traubenkernöl
1 EL Zitronensaft
1 EL Dijonsenf
1 EL Agavendicksaft
1 TL Apfelessig
1 TL Meersalz
1 TL Knoblauch, granuliert

Alle Zutaten mit dem Stabmixer in einem hohen Gefäß 5–7 Minuten zu Mayonnaise mixen. Cremige Mayonnaise in ein verschließbares Glas füllen.

Achtung: Die Mayo wird vom Mixen sehr warm sein. Gut abkühlen lassen, bevor du den Deckel draufschraubst. Im Kühlschrank wird die Mayo noch fester. Sie hält ca. 4–5 Tage.

TIPP

Wer es eilig hat, am besten die vegane Aioli von MEGGLE kaufen!

GESUNDHEITS-LEXIKON

SAFRAN
SEITE 195

KNOBLAUCH
SEITE 179

SOYA
SEITE 185

ZITRONE
SEITE 175

ELOTES Mexicanos

MEXIKANISCHE MAISKOLBEN

BREAKFAST & BRUNCH

Diesen heiß begehrten Street-Food-Favoriten gibt es in Mexiko schon seit Jahrtausenden. Mais war Lebensgrundlage für die Mayas. Eine Gabe der Götter. Meine magischen Elotes schmecken auch göttlich, vor allem im Sommer, wenn die Maiskolben knackig und süß sind.

FÜR 4 PERSONEN

1 Stück Ingwer (20 g), geschält und halbiert
1 EL Meersalz
4 Maiskolben
4 Schaschlik-Holzspieße
60 g veganer geriebener Parmesan
1 TL Cayennepfeffer/Chilipulver (bei Kindern weglassen)
1 TL Paprika, gemahlen
1 TL geriebene Limettenschale
2 Prisen Salz & Pfeffer
10 Basilikumblätter
4–6 EL Safran- oder weiße Mayonnaise (siehe S. 58, sonst Aioli von MEGGLE)
2 TL Ketchup oder Tomatensauce

Ingwerstück halbieren. Mit 1 EL Meersalz in einen Topf mit heißem Wasser geben. Maiskolben darin 15–20 Minuten kochen. Abgießen und auf Schaschlikspieße stecken. In einer kleiner Schüssel Parmesan, Cayenne/Chili, Paprika, Limettenschale, Salz und Pfeffer gut mischen. Basilikumblätter mit einem Keramikmesser klein schneiden.

Die frische Mayonnaise vorbereiten. Die Maiskolben ganz mit Mayonnaise bestreichen. Die Würzmischung darüberschneien lassen. Ein paar Tropfen Ketchup oder Tomatensauce darüberträufeln. Zum Schluss die Basilikumblätter darüberstreuen.

GESUNDHEITS-LEXIKON

MAIS
SEITE 181

CHILI
SEITE 192

LIMETTE
SEITE 175

BASILIKUM
SEITE 187

TIPP

Fantastisch für Grillparties mit vielen hungrigen Gästen!

SOUP & SALAD

Gazpacho & PARMESAN CROSTINI

KALTE TOMATENSUPPE & PARMESAN-CROSTINI

SOUP & SALAD

Die beste Gazpacho meines Lebens aß ich beim Herzog von Segorbe in Sevilla. Eines Mittags war ich dort Tischdame des spanischen Königs, der Hymnen über diese frisch gekühlte Köstlichkeit sang. Mit Brot, ohne Brot ... so oder so ein nationaler Schatz und der große Stolz aller Españoles.

FÜR 4 PERSONEN
100 g rote Paprikaschote
400 g reife Tomaten
200 g Gurke
20 g Zwiebel
1 Knoblauchzehe
½ TL Meersalz, gemahlen
1 EL Zitronensaft
1 EL Ahornsirup
150 ml Wasser
4 EL natives Olivenöl
½ TL Paprikapulver
Salz & Pfeffer

PARMESAN-CROSTINI
4 Vollkornbrotscheiben (getoastet)
2 EL natives Olivenöl
1 Knoblauchzehe
2 EL veganer geriebener Parmesan

TOPPING
4 Basilikumblätter
+ 4 TL Kokosmilch (cremig)

Paprika und Tomaten waschen, Stielansätze und Paprikakerne entfernen und das Gemüse in grobe Stücke schneiden. Gurke schälen und in Stücke schneiden. Den Innenkeim des Knoblauchs entfernen.

Alle Zutaten im Mixer für gute 4 Minuten pürieren. Durch ein Sieb in ein Glas oder einen Keramikkrug passieren. Mit Salz, Pfeffer und Chili abschmecken. Bis zum Servieren im Kühlschrank lassen und kurz vorher gut umrühren.

Für die Parmesan-Crostini das Vollkornbrot klein würfeln. Olivenöl in einer Pfanne erhitzen. Den Knoblauch hineinpressen. Brotwürfel und Parmesan dazugeben und knusprig braten.

Gazpacho in Schüsseln füllen. Crostini, Basilikum und jeweils 1 TL Kokosmilch darauf.

GESUNDHEITS-LEXIKON

TOMATE
SEITE 186

GURKE
SEITE 178

PAPRIKA
SEITE 182

OLIVE
SEITE 181

TIPP

Im Sommer einen frischen Gazpacho-Krug im Kühlschrank bereithalten! Purer Genuss!

PERFECT Pea Soup

PERFEKTE ERBSENSUPPE

SOUP & SALAD

Mit dem Löffel in dieses grüne Paradies einzutauchen bringt unsere Töchter immer zum Singen. Es bleibt kein Tropfen dieser Erbsenperfektion übrig, nur manchmal im Gesicht der Kleinen.

FÜR 4 PERSONEN
1 EL Meersalz
1 Stück Ingwer (20 g), halbiert
200 g Kartoffeln, geschält
1 Knoblauchzehe
2 EL natives Olivenöl
400 g Erbsen (frisch oder tiefgekühlt)
100 ml Prosecco
1 EL Dijonsenf
1 TL Ahornsirup
1 EL Zitronensaft
2 EL veganer geriebener Parmesan
200 ml Kokosmilch
Salz & Pfeffer zum Abschmecken
frische Basilikumblätter

Meersalz und eines der Ingwerstücke in einen Topf mit kochendem Wasser geben. Kartoffeln klein würfeln und 15 Minuten darin weich kochen. Ingwer entfernen. Kartoffelstückchen abtropfen lassen. Den Knoblauch klein schneiden und in Olivenöl bei hoher Hitze kurz im Kochtopf anbraten.

Erbsen und das zweite Ingwerstück dazugeben. Mit einem Holzlöffel 1 Minute umrühren. Mit Prosecco ablöschen. Dijonsenf zu den Erbsen geben. 2 Minuten rühren. 200 ml Wasser und Kartoffeln dazugeben und Deckel daraufsetzen. Bei mittlerer Hitze 3–4 Minuten kochen.

ACHTUNG: Nicht das frische Erbsengrün tot kochen! Ingwerstück herausfischen, Ahornsirup, Zitronensaft, Parmesan und Kokosmilch dazurühren.

Topf vom Herd ziehen. Mit Salz, Pfeffer und evtl. weiterem Parmesan abschmecken. Mit einem Stabmixer pürieren. Suppe mit einem frischen Basilikumblatt und meiner magischen Kräuterpizza (S. 127) servieren.

GESUNDHEITS-LEXIKON

ERBSEN
SEITE 177

KARTOFFEL
SEITE 179

KOKOS
SEITE 190

KNOBLAUCH
SEITE 179

TIPP

Kinder, die Angst vor grün haben, mitkochen lassen. Sie werden es lieben!

Red Lentil SOUP

ROTE LINSENSUPPE

SOUP & SALAD

Als ich mit unserer ersten Tochter schwanger war, hatte ich oft Heißhunger auf Linsen. Mauro präparierte mir dann immer ein Bad mit schwimmenden Jasminblumen und Duftkerzen und kochte mir die beste Linsensuppe der Welt. Mein magisches Rezept ohne Speck ist wohltuend und wärmt mit ganz viel Amore.

FÜR 8 PORTIONEN
500 g rote Linsen
100 g Karotten, geschält
100 g Stangensellerie
50 g Zwiebel, geschält
2 Knoblauchzehen
150 g Kartoffeln, geschält
2 EL Olivenöl
200 ml Prosecco
1 Stück Ingwer (20 g), geschält und halbiert
2 EL Dijonsenf
1 TL Kümmel, gemahlen
1 TL Paprikapulver
1 TL Kurkumapulver
1 TL Zimt, gemahlen
½ TL Muskat, gemahlen
1 EL Ahornsirup
250 g passierte Tomaten oder Lieblingstomatensauce
100 ml Kokosmilch
40 g veganer geriebener Parmesan
2 TL Meersalz & 2 Prisen Pfeffer, gemahlen

ZUM SCHLUSS
extra Parmesan, Chili und Olivenöl

Rote Linsen in einer Schüssel in kaltem Wasser waschen und abseihen.

Karotten, Sellerie, Zwiebeln, Knoblauch, Ingwer und Kartoffel sehr klein würfeln (vor allem die Kartoffeln!). Olivenöl in einem Kochtopf erhitzen. Das Gemüse ca. 3 Minuten mit einem Holzlöffel rühren und anbraten. Mit Prosecco aufgießen. Dijonsenf, Kümmel, Paprikapulver, Kurkuma, Zimt, Muskat und Ahornsirup dazumischen. Linsen, 1 ½ l Wasser Wasser und passierte Tomaten hineingeben. Umrühren, mit dem Deckel einen Spalt frei lassen und bei mittlerer Hitze 15–20 Minuten kochen. Vom Herd nehmen.

Kokosmilch, Parmesan, Salz und Pfeffer (bei passierten Tomaten etwas mehr Salz) dazugeben. 5 Minuten ruhen lassen. Vor dem Servieren den Ingwer entfernen. Ein paar Schöpfer in jede Suppenschüssel geben. Extra Parmesan, Chili und Olivenöl darüberträufeln. Fertig ist der Genusstopf!

GESUNDHEITS-LEXIKON

LINSEN
SEITE 181

TOMATEN
SEITE 186

KAROTTEN
SEITE 178

SELLERIE
SEITE 185

TIPP

Diese Suppe als Basis für die Magic Lasagne (siehe S. 110) kochen.

Vichyssoise

SOUP & SALAD

KARTOFFELCREMESUPPE

Kühl und cremig an heißen Sommertagen, warm und gemütlich im eisigen Winter. Dieser seidige Kartoffel- und Lauchtraum ist eine Luxusreise in andere Zeiten. Meine Kinder lieben vegane Käsetoasts, Magische Kräuterpizza oder frischen Salat dazu.

FÜR 4 PORTIONEN
600 g Kartoffeln, geschält
200 g Lauch (1 Stange)
300 ml Wasser
1 EL Meersalz
1 Stück Ingwer (20 g), halbiert
2 EL Olivenöl
1 Knoblauchzehe
100 ml Noilly Prat
(trockener Vermouth)
1 EL Dijonsenf
1 EL Ahornsirup
50 g veganer geriebener
Parmesan
¼ TL Muskat, gemahlen
300 ml Kokosmilch
½ TL Salz & Pfeffer zum
Abschmecken
Basilikumblätter zum Garnieren

Eine große Schüssel mit Eiswürfeln in den Gefrierschrank stellen. Lauch in dünne Ringe schneiden und in einer Schüssel mit kaltem Wasser gut waschen, abseihen. Einen Topf mit Wasser, Meersalz und 1 Stück Ingwer zum Kochen bringen. Geschälte Kartoffeln klein würfeln, in den Topf geben und ca. 15 Minuten weichkochen. Ingwer entfernen. Abseihen.

Olivenöl im selben Kochtopf erhitzen. Knoblauch dazupressen. Lauch und zweites Ingwerstück dazugeben. 2 Minuten anbraten. Mit Noilly Prat ablöschen. Dijonsenf dazu. Nach 1 Minute Wasser, Kartoffeln, Ahornsirup, Parmesan, Muskat und Kokosmilch dazumischen. Bei mittlerer Hitze 5 Minuten kochen.

Ingwerstück herausfischen. Im Mixer oder mit dem Pürierstab cremig mixen. Salz und Pfeffer dazu. In eine mittelgroße Schüssel füllen und diese in die Schüssel mit den Eiswürfeln stellen. Suppe zum Abkühlen mit einer Schöpfkelle immer wieder von oben in die Schüssel gießen. Ca. 1 Stunde kühl stellen. In Schüsseln füllen, Basilikumblatt, frisch gemahlenen Pfeffer daraufgeben und z. B. mit veganem Käsetoast servieren.

GESUNDHEITS-LEXIKON

KARTOFFEL
SEITE 179

LAUCH
SEITE 180

KOKOS
SEITE 190

MUSKAT
SEITE 194

TIPP

Auch köstlich als heiße Wintersuppe. Dann die Kühlschritte überspringen.

Onion Soup

ÜBERBACKENE ZWIEBELSUPPE

SOUP & SALAD

Eine Suppe, die so gut ist, dass Mauro trotz verbrannter Zunge von Beginn bis zum Ende weiterschlürft, ist für mich das größte Kompliment der Welt. Ich nehme Vollkornbrot dafür und lasse den veganen Käse darauf richtig knusprig goldbraun schmelzen. Diese Zwiebelsuppe wärmt Herz und Seele vor allem in der kalten Jahreszeit.

FÜR 4 PORTIONEN
400 g geschälte Zwiebeln (ca. 6 Stück)
100 ml Noilly Prat (oder trockener Vermuth deiner Wahl)
200 ml Prosecco
100 g Karotten, geschält
100 g Stangensellerie
150 g Champignons
2 Knoblauchzehen
4 EL natives Olivenöl
1 Stück Ingwer (20 g), halbiert
5 g frischer Thymian (eine kleine Handvoll)
1 TL Meersalz
2 TL Paprikapulver, mehr zum Schluss
1 TL Kümmel, gemahlen
1 TL Kokosblütenzucker
2 EL Dijonsenf
2 l Wasser
2 EL Ahornsirup
200 ml Kokosmilch
2 EL geriebener veganer Parmesan
Pfeffer zum Abschmecken
8 Brotscheiben, getoastet (z.B. „Meisterbäcker Vital"-Toast von Dr. Schär)
4–6 vegane Käsescheiben
300 g veganer geriebener Käse

Ofen auf 250 °C (Umluft 230 °C) vorheizen. 4 ofenfeste Suppenschüsseln auf ein Backblech stellen.

Karotten, Sellerie, Champignons, 1 Knoblauchzehe und 2 Zwiebeln klein schneiden. 2 EL Olivenöl in einem Topf erhitzen. Klein geschnittenes Gemüse und ein Ingwerstück darin 4 Minuten anbraten. Mit Prosecco aufgießen. Thymian, Salz, Paprika, Kümmel, Kokosblütenzucker, Dijonsenf und 2 l Wasser dazu. Ca. 30 Minuten bei hoher Hitze ohne Deckel weiterkochen. Restliche Zwiebeln in dünne Ringe schneiden.

2 EL Olivenöl in einem zweiten Kochtopf erhitzen. Zweite Knoblauchzehe dazupressen, Zwiebelringe dazugeben und ein paar Minuten gold anbraten. Ahornsirup hineingeben. Mit Noilly Prat oder Vermuth ablöschen. Brühe aus dem ersten Topf abseihen und zu den Zwiebeln gießen. Kokosmilch, Parmesan und 3 Prisen frisch gemahlenen Pfeffer hineinrühren. Nicht extra salzen.

Schüsseln ganz mit Zwiebelsuppe auffüllen. Mit getoastetem Brot ganz bedecken. Darauf bis zum Rand Käsescheiben und geriebenen Käse geben. Zur goldenen Kruste im Ofen fertigbacken. Zum Schluss je 1 Prise Pfeffer und Paprika daraufgeben.

GESUNDHEITS-LEXIKON

ZWIEBEL
SEITE 187

KNOBLAUCH
SEITE 179

KOKOS
SEITE 190

THYMIAN
SEITE 189

TIPP

Vorsicht heiß! Zuerst dampfende Geschmackswolke aus der Kruste befreien.

Black BEAN SOUP

SCHWARZE-BOHNEN-SUPPE

SOUP & SALAD

Mein Vater liebt Black Bean Soup. Normalerweise immer mit Speck oder Würstel. Wenn ich ihm jedoch meine koche, vergisst er alle Schweinereien. Für Kinder besser ohne Chili zubereiten. Heiß oder kalt mit Tortillachips serviert, dieses schwarze Gold der Azteken wirkt Wunder für Körper, Herz und Seele.

FÜR 4 PORTIONEN
3 EL natives Olivenöl
1 Zwiebel (ca. 60 g), gewürfelt
2 Knoblauchzehen, gehackt
100 g Karotte,
geschält & klein gewürfelt
50 g Stangensellerie, gewürfelt
1 Chilischote
400 g Tomaten,
enthäutet, klein gehackt
1 TL Kümmel, gemahlen
1 TL Paprikapulver
1 TL Dijonsenf
1 EL Ahornsirup
600 g gekochte schwarze
Bohnen
800 ml Gemüsebrühe
mit 50 g Steinpilzen (siehe S. 112)
2 EL veganer geriebenen
Parmesan
2 EL Limettensaft
Salz & Pfeffer

TOPPING
1 Avocado, ½ rote Zwiebel,
1 rote & 1 orange Paprika,
1 Chilischote, gemahlen
4 EL Kokosmilch (cremiger Teil)

3 EL Olivenöl in einem Kochtopf erhitzen. Klein gewürfelte Zwiebel, Knoblauch, Karotten, Sellerie und aufgeschlitzte Chilischote darin 2 Minuten goldbraun anbraten. Tomaten dazugeben. Kümmel, Paprikapulver, Dijonsenf und Ahornsirup dazurühren.

Dann schwarze Bohnen hineingeben, mit Gemüsebrühe aufgießen und auf mittlerer Hitze mit dem Deckel halb zugedeckt 15 Minuten kochen lassen. Parmesan und Limettensaft dazurühren, mit Salz und Pfeffer abschmecken.

Die Chilischote entfernen. 4 Suppenschöpfer in einem hohen Gefäß mit einem Stabmixer pürieren. In die Suppe zurückschütten.

Für das Topping Avocado, Paprika und rote Zwiebel klein würfeln. Chilischote in feine Ringe schneiden (für Kinder weglassen). 4 Schüsseln mit Suppe füllen.

Auf jede Schüssel zuerst jeweils 1 EL Kokosmilch, darauf bunte Paprika, Zwiebel, Avocado, etwas Chili, einen Schuss Olivenöl und Kräuter deiner Wahl (ich liebe Basilikum). Mit Tortilla Chips servieren.

GESUNDHEITS-LEXIKON

BOHNE
SEITE 176

TOMATES
SEITE 186

KOKOS
SEITE 190

KAROTTE
SEITE 178

CHILI
SEITE 192

TIPP

Magische Stärkung für unterwegs: In ein Glas füllen & Löffel nicht vergessen!

Pumpkin SOUP

KÜRBISSUPPE

SOUP & SALAD

Sobald die Kürbiszeit beginnt, zaubere ich Cinderellas Vitamintopf. Löffel voll goldenem Samt, Schüsseln voll duftender Seide, diese geschmeidig warme Suppe ist verführerisch und aufladend, beruhigend und wohltuend zugleich. Im Gesundheitslexikon findest du überraschende Zauberkräfte dazu!

FÜR 4 PORTIONEN
500 g Kürbis, geschält und entkernt
200 g Karotten, geschält
1 Zwiebel (ca. 60 g), geschält
2 Knoblauchzehen
2 Kartoffeln (ca. 200 g), geschält
3 EL natives Olivenöl
1 Stück Ingwer (20 g), halbiert
60 ml Amaretto (Mauro liebt Disaronno)
100 ml Prosecco
1 EL Dijonsenf
1 TL Kurkumapulver
½ TL Muskat, gemahlen
½ TL Zimt, gemahlen
1 TL Meersalz
150 ml Kokosmilch
3 EL veganer geriebener Parmesan
Pfeffer & Chili zum Abschmecken

TOPPING
ein paar Basilikumblätter
etwas Kokosmilch
Parmesan-Crostini (S. 64)

Kürbis, Karotten, Zwiebel und Knoblauch klein würfeln. Kartoffeln in hauchdünne Scheiben schneiden. Olivenöl in einem Kochtopf erhitzen. Klein geschnittenes Gemüse und Ingwer darin 5–7 Minuten anbraten. Zuerst mit Amaretto und dann Prosecco ablöschen. Dijonsenf, Kurkuma, Muskat, Zimt und Meersalz dazurühren. Wasser hineinschütten und mit geschlossenem Deckel bei mittlerer Hitze ca. 20 Minuten kochen.

Ingwerstücke entfernen. Kokosmilch und Parmesan dazugeben. Vom Herd ziehen. Mit einem Stabmixer geschmeidig pürieren. Mit Pfeffer und Chili abschmecken.

Suppe in Schüsseln füllen und mit etwas Basilikum, Kokosbilch und Parmesan-Crostini dekorieren.

TIPP

Köstlich dazu sind meine Parmesan-Crostini (siehe S. 64)

GESUNDHEITS-LEXIKON

KÜRBIS
SEITE 180

KAROTTE
SEITE 178

KNOBLAUCH
SEITE 179

KARTOFFEL
SEITE 179

CHILI
SEITE 192

Avocado-PAPAYA-CHICORÉE-SALAD

SOUP & SALAD

Frisch, crunchy, und saftig ist diese magische Gesundheitsbombe. Ein außergewöhnlicher Salat, den Mauro immer wieder bei mir bestellt. Diese pastellfarbene Geschmacksexplosion ist genial als Brunch oder leichtes Lunch für heiße Tage. Ein paar Papayakerne dazuessen! Sie schmecken wie Pfeffer und sind sehr gesund.

FÜR 4 PORTIONEN

DRESSING
1 TL Dijonsenf
1 EL Tamari
1 EL Zitronensaft
2 EL Orangensaft
1 EL Kokosmilch
Salz, Pfeffer & Chili zum Abschmecken
1 kleine Zwiebel (ca. 50 g, ich liebe rote Zwiebeln dazu!)

200 g Chicorée ohne Endstück und Außenblätter
1 Avocado (nicht zu weich!)
300 g Papaya, entkernt und geschält

Die Dressingzutaten in einer Schüssel mit einem kleinen Schneebesen gut vermischen. Die Zwiebel in dünne Ringe schneiden und dazugeben.

Den Chicorée in Ringe schneiden. Die Ringe in eine große Salatschüssel geben. Avocado- und Papayafleisch in Stücke schneiden und dazugeben. Mariniertes Zwiebeldressing darübergießen. Alles vorsichtig vermischen.

Köstlich mit Cashewbutter-Toast (siehe S. 26) oder Magische Kräuterpizza (siehe S. 126).

GESUNDHEITS-LEXIKON

AVOCADO
SEITE 168

PAPAYA
SEITE 173

CHICORÉE
SEITE 177

ZWIEBEL
SEITE 187

TIPP

Unbedingt die Magic Powers dazu im Gesundheitslexikon nachlesen!

Purple Kraut SALAD

LILA KRAUTSALAT

SOUP & SALAD

Knackig und frisch ist dieser farbenfrohe Lieblingssalat unseres Maestros. Früher aß er wenig Salat, bis ich diese lila Schüssel servierte. Ohne Speck und Kümmelstückchen, die in den Zähnen stecken bleiben, genießt er meine purple Interpretation des bayerischen Krautsalatklassikers so oft wie möglich.

FÜR 4 PORTIONEN

DRESSING
50 g Zwiebel, sehr klein gewürfelt
1 EL Dijonsenf
1 EL Weißweinessig
2 EL Zitronensaft
2 EL Tamari (glutenfreie Sojasauce)
50 ml Orangensaft
3 EL natives Olivenöl

800 g Rotkohl

Dressingzutaten bis auf das Olivenöl in einer Salatschüssel gut vermischen. Den Rotkohl hauchdünn mit einem scharfen Messer um den weißen Stiel herunterschneiden. In der Schüssel mit dem Dressing vermischen. 10 Minuten marinieren lassen.

Zum Schluss das Olivenöl hineingeben. Gut umwälzen. Am besten gekühlt servieren.

TIPP

Wunderbar zusammen mit meinem gebackenen Blumenkohl (siehe S. 118)

GESUNDHEITS-LEXIKON

ROTKOHL
SEITE 184

ZWIEBEL
SEITE 187

ORANGE
SEITE 173

OLIVE
SEITE 181

Radish & RED BEET SALAD

RADIESCHEN-ROTE-BETE-SALAT

SOUP & SALAD

Die elegante Botschafterin Bonnie McElveen Hunter aus North Carolina kam uns eines Sommertages im Country Atelier besuchen. Wissend, dass sie auf ihre schlanke Linie achtet, servierte ich ihr den magischen Salat. „Oh Franziska darling, I've never tasted something so delicate!" Dieses Kompliment vergesse ich niemals.

FÜR 4 PORTIONEN
1 rote Zwiebel, (ca. 100 g) geschält
250 g Radieschen, gut gewaschen
500 g Rote Bete, gekocht und geschält
1 Handvoll frische Basilikumblätter

DRESSING
2 TL Dijonsenf
1 EL Weißweinessig
3 EL Orangensaft
2 EL Zitronensaft
2 EL Tamari (glutenfreie Sojasauce)
3 EL natives Olivenöl
Pfeffer & Chili, gemahlen (wer mag)

Zwiebel und Radieschen in hauchdünne Ringe schneiden. Rote Bete auch in Scheiben schneiden: Achtung, nicht zu dünn, sonst brechen sie in Stücke. Alles in eine Salatschüssel geben.

Alle Dressingzutaten bis auf das Olivenöl mit einem kleinen Schneebesen in einer Schüssel gut verrühren. Über die Gemüsescheiben gießen und sanft vermischen. 10 Minuten im Kühlschrank marinieren lassen. Olivenöl hineinträufeln und noch einmal sanft vermischen. Basilikum mit einem Keramikmesser klein schneiden und darübergeben.

Passt wunderbar zu meiner magischen Kräuterpizza (siehe S. 126) oder dem Cashewbutter-Toast (siehe S. 26)!

GESUNDHEITS-LEXIKON

ROTE BETE
SEITE 184

RADIESCHEN
SEITE 183

ZWIEBEL
SEITE 187

BASILIKUM
SEITE 187

TIPP
Unbedingt saftig-dunkle pinke Rote Bete nehmen, keine braun verkochte!

Broccoli LENTIL SALAD

BROKKOLI-LINSEN-SALAT

SOUP & SALAD

Mit diesem Rezept lernen Kinder Brokkoli lieben. Dieser proteinreiche Wundersalat schmeckt unseren Kindern so gut, dass die Teller in Windeseile leer gegessen sind. Als Mittags- oder Abendessen, warm oder kalt serviert, dieser Powerschmaus ist immer ein köstliches Erlebnis.

FÜR 4 PORTIONEN

FÜR DAS BROKKOLIWASSER
1 Stück Ingwer (20 g), halbiert
1 EL Meersalz

500 g frischer Brokkoli
200 g geräucherter Tofu
200 g gekochte Linsen
150 g Mais

DRESSING
1 Knoblauchzehe
50 g Zwiebel, klein gewürfelt
1 EL Dijonsenf
1 EL Tamari
(glutenfreie Sojasauce)
1 EL Weißweinessig
2 EL Zitronensaft
3 EL veganer geriebener
Parmesan
60 ml Kokosmilch
1 TL Kümmel, gemahlen
1 TL Kurkumapulver
1 TL Ahornsirup
1 EL natives Olivenöl & extra
Schuss

Ingwer und Meersalz in einem Kochtopf mit Wasser erhitzen. Brokkoliröschen vom Stiel abschneiden. Ca. 10 Minuten kochen. Ingwer entfernen, abseihen und mit kaltem Wasser abschrecken. Der Brokkoli soll noch grün sein und etwas Biss haben.

Für das Dressing Knoblauch in eine große Schüssel pressen. Den Rest der Dressingzutaten dazurühren. Tofu in 1 cm dicke Stücke würfeln. Zusammen mit Linsen, Mais, Brokkoli und dem Dressing vermischen. Vor dem Servieren einen Schuss extra Olivenöl darüberträufeln.

GESUNDHEITS-LEXIKON

BROKKOLI
SEITE 176

LINSEN
SEITE 181

MAIS
SEITE 181

SOYA
SEITE 185

TIPP

Brokkoli schenkt viel Muskelpower: ein magisches Mahl vor dem Sport!

„Swiss“ WURST SALAD

SCHWEIZER WURSTSALAT

SOUP & SALAD

Glorreiche Sommer im Biergarten mit Blasmusik und glücklichen Menschen. Da gehört ein magischer Wurstsalat einfach dazu. Zum Glück gibt es fantastische pflanzliche Alternativen. An einem sonnigen Julitag zauberte ich dieses Rezept. Die süße Paprika und knackige Gurke schenken Biss und Frische.

FÜR 4 PORTIONEN
150 g vegane Käsescheiben
160 g vegane Schinkenwurst
3 EL Orangensaft
2 TL Dijonsenf
3 EL Weißweinessig
1 TL Ahornsirup
2 Prisen Salz und gemahlener Pfeffer
1 Zwiebel
4 mittelgroße Essiggurken
1 rote Paprika
1 Gurke
2 EL natives Olivenöl extra

Orangensaft, Dijon, Essig, Ahornsirup, Salz und Pfeffer in einer Schüssel mit einem kleinen Schneebesen vermischen. Zwiebel und Essiggurken in hauchdünne Scheiben schneiden, zum Dressing geben und marinieren lassen.

Vorsichtig um den Stiel der Paprika herumschneiden und die Samen mit der Hand herausdrehen. Restliche Samen entfernen. Paprikafleisch in gleichmäßige, dünne Ringe schneiden. Keine Sorge, wenn ein paar Stücke nicht ganze Ringe bleiben. Gurke schälen und in dünne Scheiben schneiden. Käse- und Wurstscheiben in dünne gleich lange Streifen schneiden.

Alles in große Salatschüssel geben. Dressing darüberschütten und sanft mit einem Salatbesteck unterheben. Lieblingsolivenöl darüberträufeln und los geht's!

GESUNDHEITS-LEXIKON

GURKE
SEITE 178

ZWIEBEL
SEITE 187

PAPRIKA
SEITE 182

TIPP

Schmeckt wunderbar kombiniert mit Cashewbutter-Toast (siehe S. 26)

Winter SALAD

WINTER-SALAT

SOUP & SALAD

Wenn wir Mauros Töchter in Italien besuchen, freue ich mich immer auf Salate mit Radicchio Trevisano. Ich liebe die lila Vitaminbombe aus Venetien mit leicht bitteren Blättern. Mauro liebt meine Kombination mit karamellisierten Walnüssen und saftigen Blutorangen. Er trinkt die Schüssel immer aus!

FÜR 4 PORTIONEN
100 g Radicchioblätter
200 g Eisbergsalat
1 Birne
1 EL Dijonsenf
1 EL Tamari (glutenfreie Sojasauce)
4 EL Blutorangensaft (oder normalen Orangensaft)
2 EL Ahornsirup
3 EL Weißweinessig
1 Fenchel
1 kleine Zwiebel
2 Blutorangen (oder Orangen)
½ TL geriebene Orangenschale
3 EL Olivenöl
60 g Walnusskerne
½ TL Zimt, gemahlen

Eisbergsalat und Radicchioblätter in eine große Salatschüssel legen. Birne in dünne Scheiben schneiden und verteilt auf den Salat platzieren. Dijonsenf, Tamari, Orangensaft, Essig und 1 EL Ahornsirup mit einem kleinen Schneebesen in einer Schüssel cremig rühren. Fenchel und Zwiebel in hauchdünne Scheiben schneiden, dazumischen und marinieren lassen.

Die Schalen der Orangen mit scharfem Messer entfernen. Fruchtfleischscheiben vorsichtig zwischen den Hautfächern herausschneiden. In kleiner Pfanne 1 EL Olivenöl erhitzen. Darin Walnüsse, restlichen 1 EL Ahornsirup, Zimt und geriebene Orangenschale kurz karamellisieren (ca. 1 Minute).

Übrige 2 EL Olivenöl zum marinierten Gemüse geben. Fenchel und Zwiebel aus der Sauce heben und auf den Salat legen. Blutorangenfleisch und Walnüsse über den ganzen Salat verteilen. Rest der Fenchel-Zwiebel-Sauce über alles träufeln.

GESUNDHEITS-LEXIKON

RADICCHIO
SEITE 182

WALNUSS
SEITE 192

ORANGE
SEITE 173

FENCHEL
SEITE 177

BIRNE
SEITE 168

TIPP

Magisch als Kombination mit meiner magischen Kräuterpizza (siehe S. 126)

PASTA, RISOTTO & Co.

Red Pasta
Green Pasta
White Pasta & Crunchy Sage
Pink Noodles
Spinach Spaghetti
Chanterelle-Fusilli
Lemon Tagliatelle
Brussels Sprout Penne
Spaghetti „Aglio Olio Peperoncino“
Magic Lasagne

Risotto Milanese & Porcini
Pumpkin Risotto Royale
Cozy Cale
Melted Cauliflower
Baked Rosmary Potatoes
Grilled Asparagus & Mashed Potatoes
The Magic Burger & Sauerkraut
Herb Pizza

MANZ

Red Pasta

PASTA, RISOTTO & Co.

Mauro kochte mir dieses Gericht als erstes romantisches Dinner in seinem Malstudio in Buenos Aires, als wir uns vor vielen Jahren dort kennenlernten. Für Bergonzoli-Kunstsammler, die uns nun im Country Atelier besuchen, koche ich diese Pasta gerne. Jeder magische Bissen schießt ein Stück Italien ins Herz.

FÜR 4 PORTIONEN
400 g Penne

FÜR DAS PASTAWASSER
2 EL Meersalz
1 Stück Ingwer (20 g), halbiert

SAUCE
100 g Zwiebel, geschält
80 g Stangensellerie
2 Knoblauchzehen
80 g Karotte, geschält
1 Chilischote
3 EL natives Olivenöl extra, mehr zum Schluss
150 g geräucherter Tofu, sehr klein gehackt
150 ml Prosecco
5 EL veganer geriebener Parmesan, mehr zum Schluss
1 EL Dijonsenf
1 TL Paprikapulver
1 TL Kurkumapulver
1 TL Ahornsirup
400 g Tomaten, gehäutet & geschnitten (oder 350 g Lieblingstomatensauce aus dem Glas)
3 Prisen Salz und Pfeffer
1 Handvoll Basilikumblätter

Meersalz und 1 Ingwerstück in einem großen Topf mit Wasser erhitzen.

Zwiebeln, Sellerie, Knoblauch und Karotte sehr klein würfeln. Chilischote fast bis zum Stiel aufschlitzen (ist später so leichter aus der Sauce zu entfernen).

Olivenöl in einer hohen Pfanne erhitzen. Klein gehacktes Gemüse, Chili und zweites Ingwerstück darin für ca. 3 Minuten goldbraun braten. Tofu dazugeben. Nach 30 Sekunden mit Prosecco aufgießen. Nach 1 Minute Parmesan, Dijonsenf, Paprika, Kurkuma, Ahornsirup und klein gehackte Tomaten (oder Sauce aus dem Glas) dazurühren. Leeres Saucenglas einmal mit Wasser auffüllen und dazugeben. Bei selbst gekochten Tomaten einfach 1 Glas Wasser dazu. Bei schwacher Hitze ca. 10 Minuten weiterköcheln. Vom Herd nehmen, Deckel draufgeben.

Penne in heißem Wasser al dente kochen. Ingwerstück herausfischen. Pasta abseihen. Gleich in den heißen Kochtopf zurückgeben. Es darf ruhig etwas Pastawasser dabei sein. Chilischote und Ingwerstück aus der Tomatensauce entfernen. Sauce unter die dampfende Pasta rühren. Mit Salz, Pfeffer und mehr Parmesan abschmecken. Einen extra Schuss Olivenöl und frische Basilikumblätter darüber und genießen!

GESUNDHEITS-LEXIKON

TOMATE
SEITE 186

ZWIEBEL
SEITE 187

SELLERIE
SEITE 185

TIPP

Auch wunderbar als klassische Arrabiata mit extra Chili und ohne Tofu.

Green Pasta

Wenn ich nach einer langen Reise meine Kinder frage, was sie gerne zum Abendessen haben möchten, schreien sie immer: „Magic Green Pasta, Mami!“ Diese Pasta ist ideal, um das angestrengte Immunsystem zu stärken, vor allem wenn man kurz vor einer Erkältung steht.

FÜR 4 PORTIONEN
400 g Spaghetti
(oder Pasta deiner Wahl)

FÜR DAS PASTAWASSER
2 EL Meersalz
1 Stück Ingwer (20 g), halbiert

SAUCE
100 g frische Basilikumblätter
(oder 50 g Bärlauch & 50 g
Basilikum), mehr zum Schluss
50 g frischer Spinat, gewaschen
und getrocknet
1 Knoblauchzehe
(bei Bärlauch weglassen!)
250 ml Kokosmilch
60 g Pinienkerne
60 g veganer geriebener
Parmesan, mehr zum Schluss
2 EL Zitronensaft
2 EL Orangensaft
1 TL Ahornsirup
1 TL Dijonsenf
1 gestrichener TL Salz, 2 Prisen
Pfeffer & Chili, gemahlen
4 EL natives Olivenöl & einen
Schuss extra

Meersalz und Ingwer in einem Topf mit Wasser aufkochen. Pasta darin al dente kochen. Alle Saucenzutaten in einer Küchenmaschine 2 Minuten pürieren. Ingwer aus dem Pastawasser entfernen, abseihen und Pasta sofort zurück in den heißen Kochtopf. Green-Pasta-Sauce dazumischen. Mit Salz, Pfeffer, Chili und mehr Parmesan abschmecken.

Zum Schluss einen extra Schuss Olivenöl und ein paar frische, mit der Hand zerpflückte Basilikumblätter darübergeben. Sofort servieren und genießen!

GESUNDHEITS-LEXIKON

BASILIKUM
SEITE 187

PINIENKERNE
SEITE 191

SPINAT
SEITE 186

KOKOS
SEITE 190

TIPP

Supermagisch mit frischem Bärlauch, wenn er Saison hat im Frühling.

White Pasta & CRISPY SAGE

PASTA, RISOTTO & CO

WEISSE PASTA & KNUSPRIGER SALBEI

Meine Mutter schmilzt vor Freude, wenn ich ihr diese himmlische Pasta koche. Der knusprig-salzige Salbei tanzt Boogie-Woogie mit den cremigen Kokosnudeln. Perfekt für Gäste, die keine Tomaten mögen. Am Tisch tönt dann viel „Mmmmh“!

FÜR 4 PORTIONEN

FÜR DAS PASTAWASSER
2 EL Meersalz
1 Stück Ingwer (20 g), halbiert

400 g Fusilli
(oder Pasta deiner Wahl)
1 Handvoll frische Salbeiblätter
1 weiße Zwiebel (ca. 100 g)
6 EL natives Olivenöl
50 ml Prosecco
30 g veganer geriebener Parmesan
30 g veganer geriebener Käse
2 EL Zitronensaft
¼ TL Muskat, gemahlen
300 ml Kokosmilch
1 TL Ahornsirup
Salz, Pfeffer & extra Olivenöl zum Abschmecken

Meersalz und Ingwer in großem Topf mit Wasser erhitzen. Zwiebel klein würfeln. 2 EL Olivenöl in einer Pfanne erhitzen. Zwiebel 2 Minuten glasig braten. Mit Prosecco aufgießen. Parmesan, geriebenen Käse und Zitronensaft dazurühren. Muskat, Kokosmilch und Ahornsirup hinein. Vom Herd nehmen. Mit Salz und Pfeffer abschmecken.

Salbeiblätter waschen und gut trocknen. Teller mit Küchenpapier belegen. 4 EL Olivenöl in einer kleinen Pfanne erhitzen. Salbei darin ein paar Sekunden anbraten. ACHTUNG: Die Blätter sollen noch grün und nicht braun sein. Mit einer Gabel aus dem Öl fischen und auf Papier abtropfen lassen. 1 Prise Salz darauf. Pasta al dente kochen. Ingwer aus dem Wassertopf nehmen.

Abseihen und die Pasta gleich in die Sauce rühren. In Servierschüsseln geben und frittierte Salbeiblätter darauflegen.

GESUNDHEITS-LEXIKON

SALBEI
SEITE 189

KOKOS
SEITE 190

OLIVE
SEITE 181

ZWIEBEL
SEITE 187

TIPP

Salbei vor dem Frittieren ganz trocknen. Ölspritzer sind unangenehm!

Pink Noodles

PASTA, RISOTTO & CO

Mauros Auge isst immer mit! Und unsere natürlich auch. Alle Kinder und Erwachsenen lieben diese lustigen rosa Nudeln. Sie sind cremig köstlich und gesund. Jeder kann dieses Rezept in Windeseile zaubern, vor allem die Kids!

FÜR 4 PORTIONEN

FÜR DAS NUDELWASSER
2 EL Meersalz
1 Stück Ingwer (20 g), halbiert

250 g breite Glasnudeln
100 ml Rote-Bete-Saft (schön pink, nicht verkocht braun!)
2 EL natives Olivenöl
2 Knoblauchzehen
½ Zwiebel, ganz klein gewürfelt
2 EL Prosecco
150 ml Kokosmilch
1 EL Ahornsirup
60g veganer geriebener Parmesan
1 EL Dijonsenf
1 Prise Salz & Pfeffer
4 Basilikumblätter zum Servieren

Für Erwachsene zum Darüberträufeln:
4 EL Olivenöl mit Chiliflocken vermischen

Meersalz und Ingwer in einem Topf mit Wasser zum Kochen bringen. In einer Pfanne das Olivenöl erhitzen. Knoblauch hineinpressen. Klein gewürfelte Zwiebeln dazu und 1–2 Minuten glasig braten. Prosecco darauf und mit Kokosmilch aufgießen.

Ahornsirup, Parmesan und Dijonsenf dazurühren. Vom Herd nehmen. Nudeln 3–4 Minuten im heißen Wasser kochen. Ingwer entfernen. Nudeln abseihen und direkt zur Sauce geben. Rote-Bete-Saft, 1 Prise Salz und Pfeffer hineinrühren. Mit Basilikumblatt garnieren und servieren. Wer mag, träufelt Chiliöl darüber.

GESUNDHEITS-LEXIKON

ROTE BETE
SEITE 184

KOKOS
SEITE 190

KNOBLAUCH
SEITE 197

TIPP

Chiliöl darüber gibt den Pink Noodles einen extra magic Kick!

Spinach Spaghetti

SPINATSPAGHETTI

PASTA, RISOTTO & CO

Wenn unerwartete Gäste vor der Tür stehen, Kinder mit Bärenhunger aus der Schule kommen oder dein Liebster nach einem langen Tag Arbeit kaum mehr stehen kann, dann sind diese superschnellen gesunden Power-Spinatspaghetti die absolute Rettung!

FÜR 4 PORTIONEN

FÜR DAS PASTAWASSER
2 EL Meersalz
1 Stück Ingwer (20 g), halbiert

400 g Spaghetti
2 EL natives Olivenöl
1 Knoblauchzehe
200 ml Kokosmilch
1 TL Kurkumapulver
100 g veganer geriebener Käse
1 TL Ahornsirup
100 g frischer Spinat, gewaschen und getrocknet
1 EL Zitronensaft
Salz, Pfeffer & Chili zum Abschmecken

Ingwer und Meersalz in einem Topf mit Wasser zum Kochen bringen. Spaghetti darin al dente kochen. ½ Tasse Pastawasser (100 ml) aus dem Topf schöpfen. Ingwerstücke herausfischen. Spaghetti abseihen.

Olivenöl in den heißen Kochtopf geben. Knoblauch hineinpressen. 20 Sekunden anbraten. Kokosmilch, Kurkuma, Käse, Ahornsirup und Spinat dazugeben. Kurz umrühren.

Spaghetti, Pastawasser und Zitronensaft dazumischen. Mit 1 Prise Salz, Pfeffer und Chili, falls gewünscht, abschmecken. Gleich genießen!

GESUNDHEITS-LEXIKON

SPINAT
SEITE 186

KURKUMA
SEITE 194

KOKOS
SEITE 190

OLIVE
SEITE 181

TIPP

Ein super Startrezept für kleine Köche zum Selbstprobieren!

CHANTERELLE-Fusilli

PFIFFERLING-FUSILLI

PASTA, RISOTTO & CO

Perfektes Holz für seine Kunstskulpturen findet Mauro bei unserem Schreinermeister Hans Bader. Mit ihm gehen wir gerne im Wald Pilze suchen. Er bringt uns viel über die köstlichen Vitamin-D-Bomben bei. Unsere Mädels lieben Pfifferlinge. Wenn ein Korb vollgesammelt ist, gibt es Magic Pfifferling-Fusilli.

FÜR 4 PORTIONEN

FÜR DAS PASTAWASSER
2 EL Meersalz
1 Stück Ingwer (20 g), halbiert

250 g frische Pfifferlinge
2 TL natives Olivenöl, mehr zum Schluss
1 weiße Zwiebel, klein gewürfelt
2 Knoblauchzehen
100 ml Prosecco
1 TL Dijonsenf
½ TL Kurkumapulver
1 TL Ahornsirup
250 ml Kokosmilch
4 EL veganer geriebener Parmesan, mehr zum Schluss
400 g Fusilli
Salz, Pfeffer & Chili zum Abschmecken

Ingwer und Meersalz in einen Topf mit kochendem Wasser geben. Pfifferlinge gut säubern und halbieren wenn sie groß sind. Nicht waschen! Olivenöl in großer Pfanne erhitzen. Zwiebel darin glasig braten. Knoblauch dazupressen.

Pfifferlinge und 2 Prisen Salz hineingeben. Ca. 2 Minuten mit einem Holzlöffel immer wieder umrühren. Mit Prosecco aufgießen. Dijonsenf, Kurkuma und Ahornsirup hineinrühren. Nach 1 Minute Kokosmilch und Parmesan dazugeben. Mit Salz, Pfeffer und Chili abschmecken. Vom Herd nehmen. Fusilli im Kochtopf al dente kochen.

Ingwer entfernen. Pasta abseihen und direkt unter die Pfifferlingsauce mischen. Extra Parmesan und Olivenöl dazu servieren.

GESUNDHEITS-LEXIKON

PILZE
SEITE 182

ZWIEBEL
SEITE 187

KURKUMA
SEITE 194

TIPP

Pfifferlinge gut säubern. Dann knirscht keine Erde zwischen den Zähnen!

Lemon TAGLIATELLE

ZITRONEN-TAGLIATELLE

PASTA, RISOTTO & CO

Die Herzogin Diane von Württemberg hat uns einmal von ihrem französischen Koch Zitronenpasta zubereiten lassen. Ich hatte so etwas Köstliches noch nie probiert. Mein Rezept ohne Rahm und Butter ist unser Sommer-Favorit! Die Zauberkraft der Zitronen unbedingt im Gesundheitslexikon entdecken!

FÜR 4 PORTIONEN

FÜR DAS PASTAWASSER
1 Stück Ingwer (20 g), halbiert
2 EL Meersalz

400 g Tagliatelle
(Spaghetti sind auch wunderbar)
1 Zitrone
1 EL geriebene Zitronenschale
20 ml Zitronensaft
5 EL natives Olivenöl
1 EL Ahornsirup
1 Knoblauchzehe
250 ml Kokosmilch
60 g veganer geriebener Parmesan

ZUM SCHLUSS
extra Parmesan, ½ TL Salz,
2 Prisen Pfeffer,
und Chili zum Abschmecken

Ingwer und Meersalz in einen Topf mit kochendem Wasser geben. Zitrone gut waschen und abtrocknen. 6-8 hauchdünne Scheiben schneiden. 2 EL Olivenöl in einer kleinen Pfanne erhitzen. Zitronenscheiben darin ca. 2 Minuten anbraten. Nach 1 Minute umdrehen. Ahornsirup darüberträufeln. Vom Herd nehmen.

Tagliatelle al dente kochen. Während die Pasta kocht, 3 EL Olivenöl in einer großen Pfanne erhitzen. Knoblauch hineinpressen. Zitronenschale dazugeben und 20 Sekunden anbraten. Kokosmilch, Parmesan, Salz und Zitronensaft dazurühren. Ingwer aus dem Topf fischen, ½ Tasse Pastawasser (100 ml) entnehmen und Tagliatelle abseihen. Direkt in die Saucenpfanne geben.

Pastawasser aus der Tasse dazugießen. Sanft vermischen und mit extra Parmesan, Salz, Pfeffer und Chili abschmecken. Nudeln in eine Servierschüssel geben. Karamellisierte Zitronen samt Ahornsirupsauce darüberträufeln. Voilà!

GESUNDHEITS-LEXIKON

ZITRONE
SEITE 175

KOKOS
SEITE 190

AHORNSIRUP
SEITE 192

TIPP

Die karamelisierten Zitronenscheiben unbedingt mitessen!

Brussels SPROUT PENNE

ROSENKOHL-PENNE

PASTA, RISOTTO & CO

Ich verstehe „Rosenkohl-Kritiker“ nur zu gut. Meine Erfahrungen waren auch meist trist, grau und unappetitlich. Diese schmackhafte Pasta jedoch ist zum Verlieben. Rosenkohl hebt die Stimmung und lindert Schmerzen. Glückliche Gäste verschlingen auch die letzte in himmlischer Sauce gebadete Knolle!

FÜR 4 PORTIONEN

FÜR DAS PASTAWASSER
2 EL Meersalz
1 Stück Ingwer (20 g), halbiert

500 g Rosenkohl, halbiert und Außenblätter entfernt
400 g Penne (oder Lieblingspasta)
3 EL natives Olivenöl
1 weiße Zwiebel, klein gewürfelt
1 Knoblauchzehe
50 ml Prosecco
60 g veganer geriebener Parmesan
½ TL Kurkumapulver
1 TL Dijonsenf
200 ml Kokosmilch
1 TL Ahornsirup
1 EL Zitronensaft
Salz, Pfeffer & Chili zum Abschmecken (wer mag)

Salz und Ingwer in einem Topf mit Wasser erhitzen. Rosenkohl darin 5–7 Minuten kochen: Er soll seine grüne Farbe und etwas Biss behalten! Mit einer Kelle herausfischen. Kurz in kaltem Wasser abschrecken. Nudeln im Rosenkohlwasser al dente kochen.

Olivenöl in einer Pfanne erhitzen. Zwiebel dazu. Knoblauch hineinpressen. 2 Minuten anbraten und Rosenkohl dazugeben. Mit Prosecco aufgießen. Parmesan, Kurkuma, Dijonsenf, Kokosmilch, Ahornsirup und Zitronensaft hineinrühren. Topf vom Herd nehmen.

Mit Salz, Pfeffer und Chili abschmecken. Ingwer entfernen. Pasta abseihen und in die Sauce rühren. Extra Parmesan und Olivenöl darüber und gleich genießen!

GESUNDHEITS-LEXIKON

ROSENKOHL
SEITE 183

ZWIEBEL
SEITE 197

KOKOS
SEITE 190

TIPP

Wunderbar auch mit Spaghetti, Fusilli oder deiner Lieblingspasta!

SPAGHETTI „AGLIO OLIO Peperoncino“

PASTA, RISOTTO & CO

KNOBLAUCH-ÖL-CHILI-SPAGHETTI

Mauro machte mir damals den Hof „old school style“. Immer im schicken Anzug gekleidet und Blumen in der Hand. Er holte mich spät abends von meiner Arbeit im Faena Hotel ab und fuhr mich in meine Buenos-Aires-Wohnung. Dort kochte er mir Spaghetti „Aglio Olio Peperoncino“. 2 Monate später durfte er für immer bleiben. Ich habe über die Jahre süße Fenchelscheiben dazu gezaubert.

FÜR 4 PORTIONEN

FÜR DAS PASTAWASSER
2 EL Meersalz
1 Stück Ingwer (20 g) halbiert

400 g Spaghetti
4 Knoblauchzehen
2 Chilischoten
(für Anfänger nur 1)
1 Fenchelknolle
6 EL natives Olivenöl
1 EL Ahornsirup
50 ml Prosecco
100 g veganer geriebener Parmesan
100 ml Spaghettiwasser
2 Prisen Salz & Pfeffer gemahlen

ZUM SCHLUSS
ein paar Basilikumblätter, Salz und Pfeffer zum Abschmecken

Salz und Ingwer in einen großen Topf mit kochendem Wasser geben. Fenchel in hauchdünne Ringe schneiden. Olivenöl in einer Pfanne erhitzen. Knoblauch hineinpressen. Fenchel und Ahornsirup dazu. Chilischoten bis kurz vor dem Stiel aufschlitzen und hinein. Gold braten.

Mit Prosecco ablöschen. Salz und Pfeffer dazu. Vom Herd nehmen. Spaghetti al dente kochen. ½ Tasse (ca. 100 ml) Pastawasser aus dem Kochtopf schöpfen. Ingwerstück entfernen. Spaghetti in ein Sieb gießen und abtropfen lassen. Chili und Fenchel-Öl-Sauce in den heißen Spaghettitopf geben und die Spaghetti zufügen.

Das Pastawasser dazu. Parmesan hineinrühren. Mit Salz und Pfeffer abschmecken. Die zum Himmel duftende Köstlichkeit in Servierschüsseln geben. Basilikumblätter darüberzupfen und eintauchen in diese köstliche Spaghettiwelt.

GESUNDHEITS-LEXIKON

KNOBLAUCH
SEITE 179

CHILI
SEITE 192

FENCHEL
SEITE 177

OLIVE
SEITE 181

TIPP

Dieses verführerische Rezept ist das perfekte Late-night-Dinner!

MAGIC Lasagne

PASTA, RISOTTO & CO

Aus meiner Rezeptsammlung ist dieser gesunde Götterschmaus wohl die vegane Weihnachtsgans. Purer Luxus aus dem Ofen ohne Gewissensbisse für Herz oder Hüfte. Mauro, der früher nichts lieber als Steak und Salami aß, nennt diese Lasagne den Höhepunkt meiner Kochkunst. „Fantastico, amore ... I love it!"

FÜR 8–10 PORTIONEN
Rote Linsensuppe (siehe S. 68)

WEISSE SAUCE
200 ml Kokosmilch
1 EL Dijonsenf
4 EL veganer geriebener Parmesan
2 TL Kokosblütenzucker
1 TL Kurkumapulver
1 TL Kümmel, gemahlen
½ TL Muskat, gemahlen
1 Knoblauchzehe, gepresst
1 Prise Salz & Pfeffer

ca. 200 g Fenchel, Außenblätter entfernt
ca. 350 g Lasagneplatten
350 g passierte Tomaten
60 g Pinienkerne
120 g frischer Blattspinat, gewaschen und getrocknet
400 g veganer geriebener Käse
450 g vegane Käsescheiben
1 ofenfeste Auflaufform

ZUM SCHLUSS
4 Prisen Pfeffer & Paprika (gemahlen)

Rote Linsensuppe kochen. Etwas Flüssigkeit abschöpfen. Ofen auf 250 °C (Umluft 230 °C) vorheizen.

Die Zutaten für die weiße Sauce in einer kleinen Schüssel cremig rühren.

Fenchel in hauchdünne Scheiben schneiden. Auflaufform mit Lasagneplatten belegen. Stücke zurechtbrechen, sodass der ganze Boden bis zum Rand bedeckt ist. Mit ca. 5 EL passierten Tomaten bestreichen. Darauf die erste von 3 Schichten Pinienkerne, großzügig Fenchel, Spinatblätter und etwas geriebenen Käse verteilen. Ca. 5 Schöpfer Linsensuppe darüber bis zum Rand mit einem Teigschaber verteilen. Mit einer Schicht Käsescheiben belegen. Darüber 6 EL weiße Sauce streichen. Mit neuen Lasagneplatten bedecken. Zweimal wiederholen. Die dritte Schicht bleibt ohne Teigplatten. Mit extra geriebenem Käse abschließen, darauf 4 Prisen Pfeffer und Paprika.

Bei 200 °C (Umluft 180 °C) 1 Stunde in den Backofen geben. Dann auf 250 °C (Umluft 230 °C) stellen. 15-20 Minuten zur knusprigen Kruste fertig backen. Gute 15 Minuten ruhen lassen und servieren.

TIPP

Schmeckt fast noch besser am Tag danach, falls etwas übrig bleibt!

GESUNDHEITS-LEXIKON

LINSEN
SEITE 181

TOMATE
SEITE 186

SPINAT
SEITE 186

PINIENKERNE
SEITE 191

FENCHEL
SEITE 177

Risotto

RISOTTO MILANESE & STEINPILZE

PASTA, RISOTTO & CO

MILANESE & PORCINI

Mein echter „Milanese“ Mauro brachte mir die magische Risotto-Technik bei: Zwiebel und Reis kurz in Öl glasig braten, mit Prosecco ablöschen und geduldig 20 Minuten lang im Uhrzeigersinn rühren. Frisch gekochte Gemüsebrühe und goldene Safranfäden geben den magischen Touch!

FÜR 4 PORTIONEN
375 g Risottoreis (Carnaroli oder Arborio)
1 weiße Zwiebel, klein gewürfelt
200 ml Prosecco
4 TL natives Olivenöl
4 EL veganer geriebener Parmesan

RISOTTOBRÜHE
2 EL natives Olivenöl
½ TL Safran
2 Knoblauchzehen
1 Karotte
2 Selleriestangen
1 Zwiebel
1 Stück Ingwer (20 g) halbiert
1 Kartoffel
1 Fenchelknolle
100 ml Noilly Prat
1 EL Meersalz

STEINPILZE
2 TL natives Olivenöl
120 g frische Steinpilze
2 Knoblauchzehen
2 EL Prosecco
1 TL Dijonsenf
150 ml Kokosmilch
Salz, Pfeffer & Chili zum Abschmecken

Für die Brühe das Gemüse schälen. Grob schneiden. Olivenöl in einem Kochtopf erhitzen. Gemüsestücke mit dem Safran darin 2 Minuten anbraten. Mit Noilly Prat ablöschen, 2 l Wasser und Salz dazu. Kurz aufkochen, Deckel drauf und 45 Minuten bei mittlerer Hitze kochen. Gemüse aus der Brühe fischen. Die Brühe zugedeckt bei schwacher Hitze köcheln lassen.

Für die Steinpilze die frischen Pilze mit einem kleinen Messer säubern. In dünne Scheiben schneiden. Olivenöl in einer kleinen Pfanne erhitzen. Knoblauch hineinpressen, ca. 30 Sekunden anbraten. Pilze dazugeben. Nach 2 Minuten Prosecco und Dijonsenf dazurühren. Kokosmilch, 2 Prisen Pfeffer und Salz hinein. Vom Herd nehmen. Deckel drauf.

Für das Risotto Olivenöl in einer hohen Pfanne erhitzen und Safran dazugeben. Zwiebel kurz darin glasig anschwitzen. Reis dazu. Ständig rühren. Nach 1 Minute mit Prosecco aufgießen. Zwei Schöpfer Brühe hineingeben. Im Uhrzeigersinn rühren. Auf mittlere Hitze stellen. In ca. 20 Minuten al dente kochen: 2 Schöpfer dazu, rühren, bis der Reis die Flüssigkeit aufgenommen hat, und wiederholen. Nach 15 Minuten die Hälfte der Steinpilze dazu. (Man kann diesen Schritt auch überspringen und die Pilze als Topping am Ende auf jeden gelben Risottoteller geben). Das Risotto 5–10 Minuten fertigkochen. Es soll noch Biss haben, cremig sein, aber nicht „suppig“. 2 EL Parmesan und 2 EL Olivenöl unterrühren. Mit Salz, Pfeffer und Chili abschmecken. Rest der Pilze dazu und 3 Minuten ruhen lassen. Extra Parmesan falls erwünscht und servieren.

GESUNDHEITS-LEXIKON

REIS
SEITE 183

SAFRAN
SEITE 195

ZWIEBEL
SEITE 187

PILZE
SEITE 182

TIPP

Auch wunderbar mit Zucchini oder Radicchio!

PUMPKIN

Pumpkin RISOTTO ROYALE

KÜRBISRISOTTO

PASTA, RISOTTO & CO

Ein Risotto für Könige, diese goldene Kürbiskreation ist elegant und köstlich. Mauros Kunstwerk „Risotto Royale“ zeigt eine Bergonzoli-Schönheit – mit allen Risottozutaten jonglierend. Damals noch mit Pecorinokäse. Heute ganz vegan.

FÜR 4 PORTIONEN

KÜRBIS
500 g Kürbis, geschält, Kerne entfernt, klein geschnitten
2 EL natives Olivenöl
2 Knoblauchzehen
1 Stück Ingwer (10 g)
60 ml Amaretto (Mauro liebt Disaronno)
1 EL Dijonsenf
1 TL Kurkumapulver
½ TL Muskat, gemahlen
½ TL Zimt, gemahlen
3 EL veganer geriebenen Parmesan
150 ml Kokosmilch
2 EL Orangensaft
½ TL Salz
Pfeffer & Chili je nach Bedarf
Risottobrühe vorbereiten (Zutaten und Rezept siehe Risotto Milanese, S. 112)

RISOTTO
375 g Risottoreis (Carnaroli oder Arborio)
1 weiße Zwiebel, klein gewürfelt
200 ml Prosecco
4 TL natives Olivenöl
4 EL veganer geriebener Parmesan

Für den Kürbis das Olivenöl in einer kleinen Pfanne erhitzen. Knoblauch hineinpressen. Kürbisstücke und Ingwer dazu. 3 Minuten anbraten. Mit Amaretto ablöschen. Dijonsenf, Kurkuma, Muskat und Zimt hineinrühren. Kokosmilch, Parmesan, Orangensaft, Salz und zwei Prisen Pfeffer dazu. Wer mag, kann etwas Chili dazugeben. 4–5 Minuten weiterkochen. Der Kürbis sollte weich sein, aber noch Biss haben. Vom Herd nehmen, den Ingwer entfernen und mit einem Deckel abdecken.

Für das Risotto 2 EL Olivenöl in einer hohen Pfanne erhitzen. Zwiebel kurz glasig anschwitzen. Reis dazu. Ständig rühren. Nach 1 Minute mit Prosecco aufgießen. 2 Schöpfer Brühe hinein. Im Uhrzeigersinn rühren. Auf mittlere Hitze stellen. In ca. 20 Minuten al dente kochen: immer 2 Schöpfer Brühe dazu, rühren, bis der Reis die Flüssigkeit aufgenommen hat, und wiederholen. Nach 15 Minuten Hälfte des Kürbisgemüses dazugeben.

Risotto weitere 5–10 Minuten fertig kochen. Es soll noch Biss haben, cremig sein, aber nicht „suppig“. 4 EL Parmesan und 2 EL Olivenöl unterrühren. Mit Salz, Pfeffer und Chili abschmecken. Restlichen Kürbis dazu und 3 Minuten ruhen lassen. Extra Parmesan falls erwünscht und servieren.

GESUNDHEITS-LEXIKON

KÜRBIS
SEITE 180

REIS
SEITE 183

ZWIEBEL
SEITE 187

OLIVE
SEITE 181

RISOTTO ROYALE
Acryl auf Leinwand
100x100cm, 2009

Cozy Cale

PASTA, RISOTTO & CO

GEMÜTLICHER GRÜNKOHL

Grünkohl ist mein absolutes Lieblingsgemüse. Mauro wurde auch süchtig danach, als er dieses Rezept das erste Mal probierte. Geschmolzen, salzig, warm und ein ganz bisschen knusprig: Dieses nahrhafte Wintergemüse ist ein echter Superfood-Schatz!

FÜR 4 PORTIONEN
400 g Grünkohl

DRESSING
2 Knoblauchzehen
2 EL Dijonsenf
200 ml Kokosmilch
2 EL Ahornsirup
3 Prisen Salz
3 Prisen Pfeffer & Chilipulver nach Belieben
100 g veganer geriebener Käse
1 weiße Zwiebel

ZUM SCHLUSS
2 Spritzer frischer Zitronensaft
2 EL natives Olivenöl

Ofen auf 250 °C (Umluft 230 °C) vorheizen. 2 große Backbleche mit Backpapier bedecken. Grünkohl waschen und trocknen. Blätter vom dicken Teil der Stiele abzupfen. Auf beide Backbleche verteilen.

Den Knoblauch in eine Rührschüssel pressen. Dijonsenf, Kokosmilch, Ahornsirup, Salz, geriebenen Käse, Pfeffer und Chili (wer mag) dazurühren. Zwiebel in dünne Ringe schneiden und dazugeben. Sauce gleichmäßig auf dem Grünkohl verteilen und in alle Blätter einmassieren. Ofen auf 200 °C (Umluft 180 °C) herunterstellen. 10 Minuten backen. Grünkohl mit 2 großen Löffeln gut umwälzen. Ca. 10 Minuten im Ofen weiterbacken, wer es knuspriger mag, gerne länger lassen!

Der Rand mancher Blätter darf etwas krustig sein. Fertigen Grünkohl vom Blech auf einen Servierteller löffeln. 2 frische Spritzer Zitrone und Olivenöl über alles geben. Wer mag, der kann extra Chili daraufmahlen.

GESUNDHEITS-LEXIKON

GRÜNKOHL
SEITE 182

ZWIEBEL
SEITE 187

KOKOS
SEITE 190

AHORNSIRUP
SEITE 192

TIPP

Wer normalerweise Grünkohl scheut, der wird hier eine neue Welt entdecken!

MELTED Cauliflower

GESCHMOLZENER BLUMENKOHL

PASTA, RISOTTO & CO

Unsere fleischessenden Freunde sind von diesem Gericht immer begeistert. Dass Blumenkohl so himmlisch schmecken kann, überrascht jedes Mal. Wer gerne Ende November eine vegane „Thanksgiving Turkey"-Interpretation aus dem Ofen ziehen möchte, trifft mit diesem goldgebackenen Traum ins Schwarze.

FÜR 4 PORTIONEN

FÜR DAS BLUMENKOHL-WASSER
1 Stück Ingwer (20 g), halbiert
1 EL grobes Meersalz

1 großer frischer Blumenkohl (Blätter am Stiel entfernen)
1 Knoblauchzehe
1 EL Dijonsenf
2 TL Kurkumapulver
1 TL Kümmel, gemahlen
1 TL Kokosblütenzucker
200 ml Kokosmilch
100 g veganer geriebener Käse
Salz, Pfeffer & Chili zum Schluss
1 TL natives Olivenöl
50 g Pinienkerne
1 EL Ahornsirup

Ofen auf 250 °C (Umluft 230 °C) vorheizen. Ingwer und Meersalz in einen großen Topf mit kochendem Wasser geben. Ganzen Blumenkohl (Kopf nach unten) ca. 10 Minuten kochen. Eine Gabel in den Strunk stechen, ganzen Blumenkohl vorsichtig aus dem Wasser heben. Im Sieb abtropfen lassen.

Knoblauchzehe in eine Schüssel pressen. Dijonsenf, Kurkuma, Kümmel, Kokosmilch, Käse und je 1 Prise Salz und Pfeffer dazurühren. Blumenkohl (Strunk nach unten) auf ofenfesten Teller setzen. Mit der Käsesauce bedecken. Ca. 15 Minuten im Ofen zur goldenen Kruste backen.

Olivenöl in einer kleinen Pfanne erhitzen. Pinienkerne und Ahornsirup kurz darin karamellisieren. Vorsicht! Das geht schnell. Nicht zu dunkel werden lassen! Gebackenen Blumenkohlteller mit Ofenhandschuhen aus dem Ofen nehmen und auf ein Holzbrett stellen. Pinienkerne darüber, 1 Prise Salz, Pfeffer und Chili: Fertig!

GESUNDHEITS-LEXIKON

BLUMENKOHL
SEITE 176

KURKUMA
SEITE 194

PINIENKERNE
SEITE 191

KOKOS
SEITE 190

TIPP

Köstlich als Kombination mit meinem Purple Krautsalat **(siehe S. 80)**

Baked ROSEMARY POTATOES

GEBACKENE ROSMARINKARTOFFELN

PASTA, RISOTTO & CO

Kartoffeln sind nicht nur eines der köstlichsten Geschenke unserer Mutter Erde, sondern auch noch eines der gesündesten. Sie sättigen, heben die Stimmung und befreien den Körper von Säure. Mauro lässt nichts von diesen wohltuenden Goldnuggets übrig. Details im Gesundheitslexikon nachlesen!

FÜR 4 PORTIONEN
1 kg Speisekartoffeln

FÜR DAS KARTOFFELWASSER
1 Stück Ingwer (20 g), halbiert
1 Rosmarinzweig
1 EL Meersalz

2 EL klein gehackter Rosmarin
100 g veganer geriebener Käse
30 g veganer geriebener Parmesan
1 TL Kümmel, gemahlen
1 TL Paprikapulver
1 TL Knoblauch, granuliert
Chili & Pfeffer

Ofen auf 250 °C (Umluft 230 °C) vorheizen. Backblech mit Backpapier belegen. Großen Topf Wasser mit Ingwer, Rosmarinzweig und Meersalz zum Kochen bringen. Kartoffeln mit viel Erde dran vorwaschen, aber nicht schälen. Ca. 30 Minuten mit Deckel kochen. Sobald die Gabel leicht hineinsticht, abseihen. Rosmarin und Ingwerstücke entfernen. Kartoffeln auf Backblech verteilen. Grob in Scheiben schneiden. Ofenhandschuh benutzen, um die heißen Kartoffeln dabei festzuhalten.

Käse, Parmesan, Rosmarin, Kümmel, Paprika und Knoblauch in einer Schüssel vermischen und über die Kartoffeln streuen. Ca. 25 Minuten im Ofen goldbraun backen.

Das Backpapier direkt auf ein Holzbrett ziehen oder die Kartoffeln direkt in eine Servierschüssel geben, samt extra Käsekrusten. Chili und Pfeffer darübermahlen.

GESUNDHEITS-LEXIKON

KARTOFFEL
SEITE 179

ROSMARIN
SEITE 188

KÜMMEL
SEITE 194

KNOBLAUCH
SEITE 179

TIPP

Fantastisch wohltuend abends mit einem knackigen grünen Salat.

GRILLED ASPARAGUS & MASHED POTATOES

PASTA, RISOTTO & CO

GEGRILLTER SPARGEL MIT KARTOFFELBREI

Salzig gegrillter Spargel mit warmen Kartoffelbrei-Wolken, das ist der Favorit unserer Victoria Gunilla. Schon als kleines Mädchen neben dem farbenfrohen Teller lauernd, lief ihr das Wasser im Mund zusammen. Die Zauberkraft dieser magischen Pflanzen ist einzigartig! Unbedingt im Gesundheitslexikon nachlesen.

FÜR 4 PORTIONEN
500 g grüner Spargel
2 Knoblauchzehen mit Haut
3 EL natives Olivenöl
Salz, Pfeffer & Chili

FÜR DAS KARTOFFELWASSER
2 EL Meersalz
1 Stück Ingwer (20 g), halbiert

KARTOFFELBREI
1 kg Kartoffeln, geschält
2 EL natives Olivenöl
50 g veganer geriebener Parmesan
200 ml Kokosmilch
1 Prise Muskat
1 TL Ahornsirup
1 TL Dijonsenf
1 TL Kurkumapulver
2 EL Zitronensaft
Salz, Pfeffer & Chili zum Abschmecken
1 Handvoll frisches Basilikum

Wasser in einem Topf mit Meersalz und Ingwer zum Kochen bringen. Für den Kartoffelbrei die Kartoffeln in dünne Scheiben schneiden. Ca. 25 Minuten weich kochen.

½ Tasse Kartoffelwasser (60 ml) abschöpfen. Ingwerstücke entfernen. Kartoffel abseihen und gleich wieder in den heißen Kochtopf geben. Olivenöl, Parmesan, Kokosmilch, Muskat, Ahornsirup, Dijonsenf, Zitronensaft und Kartoffelwasser dazu. Mit Schneebesen alles zerkleinern und gut verrühren. Kleine Kartoffelstücke dürfen mit jedem Bissen auf der Zunge tanzen. Mit Salz, Pfeffer und Chili (wer mag) abschmecken. Basilikum klein schneiden und dazurühren.

Den Spargel von den holzigen Endstücken befreien. Knoblauchzehen samt Schale halbieren. 3 EL Olivenöl in einer großen Pfanne erhitzen. Spargel und Knoblauch – wie Mauro sagt „in camicia" (im Hemd auf Italienisch = samt Schale) – in die Pfanne legen. Deckel zu und golden braten. Achtung: Erst zum Schluss salzen! Immer wieder Deckel heben und den Spargel in der Pfanne hin und her rollen. Von allen Seiten golden anbraten. Vom Herd nehmen. Meersalz, Pfeffer und Chili darübermahlen.

Mit warmem Kartoffelbrei und frischem Basilikum servieren.

GESUNDHEITS-LEXIKON

SPARGEL
SEITE 186

KARTOFFEL
SEITE 179

KOKOS
SEITE 190

MUSKAT
SEITE 194

TIPP

Spargel erst ganz zum Schluss nach dem Grillen mit Meersalz bestreuen!

The Magic
BURGER & SAUERKRAUT

PASTA, RISOTTO & CO

Wer kann einem guten Burger widerstehen? Niemand ... vor allem nicht, wenn er aus rein pflanzlichen Göttlichkeiten gezaubert ist. Dieser Magic Burger ist ein gesunder Traum voll Power, Proteinen und Geschmack. Auch wunderbar mit meinen Süßkartoffel-Pommes (siehe S. 56).

FÜR 4 PORTIONEN
100 g Mandeln
100 g Zucchini, gewaschen
100 g Karotten, geschält
50 g Zwiebeln
200 g Champignons
100 g gekochte schwarze Bohnen (mit Biss!)
200 g gekochte Beluga-Linsen
2 EL Sonnenblumenöl
1 EL natives Olivenöl
1 EL Dijonsenf
1 EL Ketchup
2 TL Knoblauch, granuliert
2 TL süßes Paprikapulver
2 TL Kümmel, gemahlen
¼ TL Zimt, gemahlen
2 TL Kokosblütenzucker
1 EL Rote-Bete-Saft
20 g Chiasamen
1 TL geriebene Limettenschale &
1 TL Limettensaft
3 EL veganer geriebener Parmesan
1 EL klein gehackter Rosmarin
¼ TL Chili/Cayennepfeffer
50 g Mehl
3 Prisen Salz & fPfeffer
4 Hamburger Buns von Dr. Schär
4 vegane Käsescheiben

Ofen auf 250 °C (Umluft 230 °C) vorheizen. 1 Backblech mit Backpapier vorbereiten

Mandeln 30 Sekunden in der Küchenmaschine zerkleinern. In eine große Schüssel geben. Zucchini und Karotten mit der Küchenmaschine zerkleinern oder per Hand reiben und in einer kleinen Schüssel mit 2 Prisen Salz vermischen. 10 Minuten schwitzen lassen. Zwiebel und Pilze klein würfen. Mit Olivenöl und 1 Prise Salz ca. 3 Minuten anbraten. In die große Schüssel geben. Dazu kommen die schwarzen Bohnen, Linsen, Sonnenblumenöl, Dijonsenf, Ketchup, Knoblauch, Paprikapulver, Kümmel, Zimt, Ahornsirup, 1 TL Salz, Rote-Bete-Saft, Chiasamen, Limettenschale, Pfeffer, Parmesan, Rosmarin und Chili/Cayenne.

Schwitzende Zucchini und Karotten in ein Sieb geben. Wasser sehr gut ausdrücken. Zu den anderen Zutaten geben. Das Mehl daraufsieben. Alles mischen und gut kneten. Masse 15 Minuten im Eisschrank kühlen . Per Hand 4 Pattys formen. Auf das Backblech legen. Ofen auf 200 °C (Umluft 180 °C) stellen. Ca. 55 Minuten backen. Mit 4 Käsescheiben belegen. Noch 5 Minuten backen. Die Buns toasten. Mit den Pattys und allen guten Sachen belegen. Mit Sauerkraut servieren. Magic!

ZUM BELEGEN
Safran- oder weiße Mayonnaise (siehe S. 58), Ketchup, Senf, Salatblätter, dünne Scheiben Tomate, Zwiebel und Essiggurke. Sauerkraut – genug für 4 Beilagenschüsseln

GESUNDHEITS-LEXIKON

BOHNE
SEITE 176

ZUCCHINI
SEITE 187

LINSEN
SEITE 181

SAUERKRAUT
SEITE 185

TIPP

Fantastisch mit meiner Mayonnaise (S.58) oder Aioli von MEGGLE!

MAGIC HERB Pizza

MAGISCHE KRÄUTERPIZZA

PASTA, RISOTTO & CO

Miraculix sammelte die wertvollsten grünen Zauberblätter aus dem Wald um für Asterix und die Gallier den Zaubertrank zu kochen. Obelix war als Baby in den grünen Topf gefallen und dadurch für immer stark. Die magischen Kräuter auf dieser himmlisch duftender Pizza verzaubern mit jedem knusprigen Biss und verleihen neue Kräfte für Körper und Seele.

FÜR 1 PIZZA
1 TL frischer Rosmarin, klein gehackt
1 TL frischer Thymian, Blättchen vom Zweig gezogen
6 Blätter frischer Basilikum, klein geschnitten
1 Knoblauchzehe
1 TL Dijonsenf
1 TL Ahornsirup
30 g veganer geriebener Parmesan
30 g veganer geriebener Käse
½ TL Kurkumapulver
1 TL Ahornsirup
1 TL natives Olivenöl
3 EL Kokosmilch
1 TL Limettensaft
1 Prise Salz, Pfeffer & Chili (wer mag)
1 glutenfreier Pizzateig (wir lieben „Pizza Base“ von Dr. Schär)

Ofen auf 250 °C (Umluft 230 °C) vorheizen.

Frische Kräuter in eine Schüssel geben. Den Knoblauch hineinpressen. Alle anderen Zutaten dazurühren.

Die Mischung gleichmäßig auf dem Pizzaboden verteilen. Pfeffer und Chili darübermahlen, falls gewünscht, und 8–10 Minuten knusprig backen.

GESUNDHEITS-LEXIKON

ROSMARIN
SEITE 188

BASILIKUM
SEITE 187

THYMIAN
SEITE 189

TIPP

Köstlich zusammen mit Suppen, Salaten oder Basilikum-Hummus (siehe S. 50)

SWEET & GELATO

SWEET
Cherry Chocolates
Magic Zabaglione
Marzipan Pralinés
Ice Grapes & Coconut Whip
Orange Hearts
Blackberry Blizzard
Chocolate Chip Coconut Cookies
Key-Lime Cake
Espresso Cake
Vanilla Pear Cake
Cinnamon Apple Cake
Raspberry Chocolate Cake
Carrot Cake

GELATO
Lavender
Blue Banana
Chocolate
Summer Strawberry
Cookie Dough
Pomegranate Granita
Stracciatella Espresso
Rainbow Ice Cream Cake

CHERRY Chocolates

SCHOKOLADENKIRSCHEN

SWEET & GELATO

Als ich in Argentinien lebte, aß ich dort tütenweise Mendoza-Kirschen. Größere und saftigere Kirschen habe ich seither nie wieder gefunden.
Meine Cherry Chocolates zelebrieren diese Buenos-Aires-Erinnerungen. Ich vergrößere unsere süßen heimatlichen Kirschen eben mit köstlicher Schokolade.

FÜR CA. 18 STÜCK
18 frische große Kirschen mit Stiel
1 EL Kokosblütenzucker
2 EL Kirschsaft (wer Schnaps mag, kann auch Kirschschnaps nehmen)
200 g Schokolade (Ich liebe vegane schwarze Schokolade dafür)
2 Eiswürfelformen mit jeweils 18 Fächern, am besten mit Halbkugelform (normale Eiswürfelformen funktionieren auch)

Alle Kirschen mit einem kleinen scharfen Messer von unten x-förmig einschneiden und vorsichtig entsteinen. Die Kirsche muss samt Stiel intakt bleiben. Kokosblütenzucker mit Kirschsaft (oder Schnaps) in einer kleinen Tasse vermischen. Jede Kirsche gut in die Mischung eintunken, damit Zuckersaft sich bis in das entsteinte Loch unter der Kirsche einsaugen kann. Die Kirschen in 18 Fächer einer der Eiswürfelformen setzen. Für 1 Stunde in den Gefrierschrank geben.

Schokolade in Wasserbad schmelzen. Vorsicht, dass keine Wassertropfen in die Schokolade spritzen.

Flüssige Schokolade in 18 Fächer der zweiten Eiswürfelform gießen, etwa ⅔ voll. Nicht ganz bis zum Rand füllen. Kalte Kirschen vorsichtig in jede Schokoladen-Halbkugelform platzieren.

Cherry Chocolates für weitere 30 Minuten in den Gefrierschrank geben. Fertig sind die verführerischen Schokoladen!

GESUNDHEITS-LEXIKON

KIRSCHE
SEITE 171

KAKAO
SEITE 193

TIPP
Eiswürfelformen mit Halbkugelfächern sind am besten geeignet.

MAGIC Zabaglione

Diese köstliche Creme zauberte ich eines Tages zu einem rohen Kuchen als Semifreddo. Mauro löffelte sie vom Teig und sagte: „Questo è il perfetto Zabaglione!" Die klassische italienische Nachspeise ist normalerweise voller Eier, Zucker und Marsalawein. Meine Version ist gesund, leicht und schmeckt nach Italien.

FÜR 4 PORTIONEN
200 g veganer Quark
200 g veganer Frischkäse
1 reife Banane
1 TL geriebene Zitronenschale
4 EL Ahornsirup
½ TL Vanillemark, aus der Schote
1 TL Kurkumapulver

TOPPING
Himbeeren oder Obst deiner Wahl zum Dekorieren
Kokosschlagrahm (siehe S. 135) oder gekauft

Bis auf die Beeren und den Schlagrahm alle Zutaten in einer Küchenmaschine 2–3 Minuten geschmeidig mixen, bis die Banane ganz püriert ist. In eine Schüssel geben und 30 Minuten kühl stellen.

In 4 elegante Gläser löffeln, etwas Kokosschlagrahm daraufspritzen und zum Schluss mit einer Himbeere krönen.

GESUNDHEITS-LEXIKON

BANANE
SEITE 168

AHORNSIRUP
SEITE 192

HIMBEERE
SEITE 171

ZITRONE
SEITE 175

TIPP

Dieses Rezept ohne Alkohol ist kinderfreundlich! Ich liebe Himbeeren dazu.

MARZIPAN-
Pralinés

SWEET
& GELATO

Früher schenkte meine schwedische Großmutter „Famor" Gunilla jedem ihrer Kinder zu Silvester ein rosa Marzipanschwein. Wir Enkel hatten Glück, wenn für uns eine Scheibe übrig blieb. Meine zucker- und farbstofffreien Pralinés stillen das ganze Jahr über den damals geborenen, ewigen Hunger nach süßem Mandelteig.

FÜR 18 PRALINÉS
100 g blanchierte Mandeln
1 TL Ingwer, frisch gerieben
½ TL Vanillemark aus der Schote
2 EL Ahornsirup
2 EL Kokosblütenzucker
½ TL geriebene Zitronenschale
1 TL Zitronensaft
extra Kakao für das Bestreuen
2 EL Kakao

Alle Zutaten in der Küchenmaschine ca. 4 Minuten zerkleinern. Maschine ein paarmal stoppen und mit einem Teigschaber die Masse von den Seiten nach unten drücken. Jeweils 1 TL Marzipanmasse mit den Händen zu Bällchen formen. Auf Teller legen und kühl stellen. Kurz vor dem Servieren extra Kakaopulver durch ein Sieb darüberschneiden lassen.

GESUNDHEITS-LEXIKON

MANDEL
SEITE 1921

KAKAO
SEITE 193

ZITRONE
SEITE 175

INGWER
SEITE 193

TIPP

Köstlich zum Espresso oder als gesunder „afternoon pick me up".

Ice Grapes & COCONUT WHIP

EISTRAUBEN & KOKOSSCHLAGRAHM

SWEET & GELATO

Bei diesem exquisiten Dessert sehe ich tanzende Lipizzanerhengste, lachende Wiener Schönheiten und elegante charmante Gentlemen im Smoking. Die kühlen Eistrauben auf weichen Kokosrahmkissen schmelzen mit meiner Schokoladen-Luxuscreme auf der Zunge wie leidenschaftliche Küsse.

FÜR 4 PORTIONEN

KOKOSSCHLAGRAHM
100 g cremig dicke Kokosmilch (veganer Frischkäse geht zur Not auch, z.B. „Streichgenuss“ von Simply V)
1 EL Agavendicksaft
¼ TL Vanillemark, aus der Schote

ca. 60 Trauben (am besten kernlos)
8 EL Magic Kakaocreme (siehe S. 29)
100 g Kokosschlagrahm

Kokosmilchdose oder -packung gute 30 Minuten im Tiefkühlfach kühlen.

100 g cremiges Kokosfett mit einem Löffel von der Oberfläche abschöpfen. In eine Rührschüssel geben. Agavendicksaft und Vanille dazu. Mit einem Stabmixer zu Schlagrahm schlagen. In einen Spritzbeutel füllen und kühl stellen.

Die Trauben von der Rebe pflücken. 2 Stunden im Tiefkühlfach einfrieren. 1–2 EL Magic Kakaocreme auf Tellern zum Schokoladenkreis anrichten. Darauf 6 Trauben legen. Kokosschlagrahm darüberspritzen. Kleinere Ebene mit 3 Eistrauben daraufbauen. Wieder mit Kokosschlagrahm bespritzen. Letzte Eistraube zur Krönung daraufsetzen.

GESUNDHEITS-LEXIKON

TRAUBEN
SEITE 174

KAKAO
SEITE 193

KOKOS
SEITE 190

TIPP

Cremige Kokosmilchsorte nehmen. Klappt nicht bei zu hartem Kokosfett.

ORANGE Hearts

ORANGENHERZCHEN

SWEET & GELATO

Dieses Rezept ist ein großer Hit bei den Kids vor allem um die Weihnachtszeit. Die Herzchen sind wie kleine Minikuchen und sehr leicht auszustechen. Der Hauch von frischem Rosmarin und Schokolade passt wunderbar zur Orange.

FÜR 1 TABLETT ORANGENHERZEN
200 g Cashewkerne
250 g Mehl
1 EL Backpulver
1 Prise Salz

NASSE ZUTATEN
200 g gekochte Kichererbsen
1 TL Bourbonvanille, gemahlen
1 EL geriebene Orangenschale
250 ml Orangensaft
1 reife Banane
1 TL Rosmarin, klein gehackt
20 g Chiasamen
50 ml Kokosmilch
4 EL Kokosblütenzucker
2 EL Ahornsirup
2 EL Sonnenblumenöl

TOPPING
1 Tafel vegane Schokolade
Orangenschale, in ganz dünne Streifen geschnitten (2–3 cm lang)

Ofen auf 250 °C (Umluft 230 °C) vorheizen. Backblech mit Backpapier belegen. Cashewkerne in der Küchenmaschine 30 Sekunden zerkleinern. In eine Schüssel geben. Mehl darübersieben, dazu Backpulver und Salz. Mit dem Schneebesen vermischen.

Die nassen Zutaten 2 Minuten in der Küchenmaschine pürieren. Orangenmix mit dem Schneebesen in die Mehlmischung rühren. Den Teig mit einem Teigschaber bis zum Rand auf das Backblech streichen. Ofen auf 200 °C (Umluft 180 °C) stellen. 20 Minuten backen. Ein großes Holzbrett aufs Backblech legen. Das Ganze umdrehen. Vorsichtig das Backpapier abziehen und wieder mit dem Holzbrett umdrehen. Abkühlen lassen. Mit Herz-Plätzchenform so viele Herzen wie möglich ausstechen.

Für das Topping die Schokolade im Wasserbad schmelzen. Herzen auf Kuchengitter aneinanderreihen. Mit einem Löffel lange Fäden geschmolzener Schokolade darüber hin und her ziehen. Jeweils 1 Orangenschalenstreifen vertikal auf jedes Herz in warme Schokolade drücken. Perfetto!

GESUNDHEITS-LEXIKON

ORANGE
SEITE 173

KICHERERBSE
SEITE 179

KAKAO
SEITE 193

ROSMARIN
SEITE 188

TIPP
Auch wunderbar mit Zitrone und weißer Schokolade!

BLACKBERRY Blizzard

BROMBEER-SCHNEESTURM

SWEET & GELATO

Mauro lässt unsere Brombeeren wie italienische Weintrauben an einem Weinspalier hochwachsen. Sie tanken extra Sonne und werden enorm groß und köstlich. Die Kinder pflücken sie, und ich friere unser schwarzes Gold tütenweise ein. Dieses Rezept hüpfte mir während eines Januar-Schneesturms aus dem Herzen.

FÜR 4 PORTIONEN

CASHEW-VANILLEEIS
100 g Cashewkerne, für 2 Stunden oder über Nacht eingeweicht
6 EL Ahornsirup
½ TL Vanillemark, aus der Schote
100 ml Kokosmilch
400 ml Reismilch

SAUCE
150 g Brombeeren
1 reife Banane
3 EL Ahornsirup
1 EL frischer Zitronensaft
½ TL Vanillemark, aus der Schote

TOPPING
100 g Brombeeren
Kokosschlagrahm (siehe S. 135)
4 TL Kokosraspel

Cashewkerne, Ahornsirup, Vanille und Kokosmilch in der Küchenmaschine 3 Minuten cremig mixen. Die Reismilch dazugeben. 1 Minute weitermixen. In der Eismaschine zu Gelato verarbeiten.

Saucenzutaten in der Küchenmaschine 2 Minuten geschmeidig mixen. Mit einem Teigschaber Brombeerstücke von den Seiten nach unten drücken. 4 Gläser vorbereiten: Jeweils 6 Brombeeren auf den Glasboden setzen, Schlagrahm darauf. 1 Eiskugel, 2 EL Brombeersauce, noch 1 Eiskugel, mehr Brombeeren. Als Krönung einen Spritzer Schlagrahm und 1 Brombeere platzieren. 1 TL Kokosraspel über jedes der Gläser streuen. Eintauchen!

GESUNDHEITS-LEXIKON

BROMBEERE
SEITE 169

AHORNSIRUP
SEITE 192

CASHEW
SEITE 189

KOKOS
SEITE 190

TIPP

Göttliche Nachspeise im Winter als Medizin gegen Sommerheimweh!

CHOCOLATE CHIP COCONUT Cookies

SWEET & GELATO

Was macht ein Cookie-Dough-Junkie, der auf Butter und Zucker verzichtet? Diese Magic Cookies voll Geschmack, Proteinen und Power backen. Wenn ich für den Rest meines Lebens nur ein Cookie essen dürfte, dann diesen gesunden Traum für alle Generationen. Auch köstlich mit weißer veganer Schokolade!

FÜR CA. 14 COOKIES
100 g Cashewkerne
100 g Mehl
50 g Kokosraspel
1 EL Backpulver
1 Prise Salz
60 g vegane Schokoladen-drops (oder klein geschnittene Schokoladenstücke)

NASSE ZUTATEN
200 g Kichererbsen (gekocht)
4 EL Kokosmilch
60 g Banane
3 EL Kokosblütenzucker
3 EL Ahornsirup
2 EL Zitronensaft
1 EL geriebene Zitronenschale
1 TL Bourbonvanille, gemahlen oder aus der Schote
2 EL Sonnenblumenöl

Ofen auf 250 °C (Umluft 230 °C) vorheizen. Ein großes Backblech mit Backpapier belegen.

Cashewkerne 30 Sekunden in der Küchenmaschine zerkleinern. In eine große Rührschüssel geben. Mehl daraufsieben. Kokosraspel, Backpulver, Salz, und Schokoladendrops dazu.
Mit einem Schneebesen vermischen.

Die nassen Zutaten 2 Minuten in der Küchenmaschine mixen. Zu der Mehlmischung geben und zu Teig verarbeiten. 20 Minuten im Kühlschrank kühlen. Jeweils 1 großzügigen EL Teig mit den Händen zum Ball rollen. Sanft auf die Mitte drücken und zu Cookies formen, knappe 2 cm hoch. Auf ein Backblech mit Backpapier platzieren. 20 Minuten backen. So yummy!

GESUNDHEITS-LEXIKON

KAKAO
SEITE 193

KOKOS
SEITE 190

KICHERERBSE
SEITE 179

ZITRONE
SEITE 175

TIPP

Zum Niederknien gut in meinem Cookie Dough Ice Cream (siehe S. 158)

KEY LIME Cake

LIMETTENTORTE

SWEET & GELATO

Als ich klein war, gab es in Palm Beach eine Bäckerei Namens Too-Jay's. Sie machten den besten „Key lime Pie" der Welt. Tropische Frische für alle Liebsten zu zaubern ist auch ohne Reisen mit meinem magischen Rezept möglich. Jeder Bissen erinnert an warme Meeresluft, Wellenrauschen und wehende Palmen.

FÜR 6–8 PORTIONEN
1 flexibler Tortenring, Ø 16 cm

TEIG
1 TL geriebene Limettenschale
1 EL Limettensaft
150 g Cashewkerne
50 Kokosraspel
3 EL Kokosblütenzucker
1 Prise Salz
1 TL Bourbonvanille, gemahlen oder aus Schote
100 g Datteln, entsteint

LIMETTENCREME
450 g veganer Frischkäse
8 EL Agavendicksaft
60 ml Limettensaft
½ TL geriebene Limettenschale
20 g Agartine (vegane Gelatine)

ZUM SCHLUSS
Kokosschlagrahm (siehe S. 135)
1 hauchdünne Limettenscheibe

Alle Teigzutaten 2 Minuten in der Küchenmaschine zerkleinern. Tortenring auf Ø 16 cm stellen. Auf einen Kuchenteller oder ein rundes Holzbrett legen. Den Teig mit einem Löffelrücken gleichmäßig auf den Boden pressen. Kühl stellen.

Für die Limettencreme den Frischkäse, Agavendicksaft, 10 ml des Limettensaftes und ½ TL Limettenschale mit einem Schneebesen in einer Schüssel geschmeidig rühren. 50 ml Limettensaft in einen kleinen Kochtopf geben. Mit Agartine 2 Minuten bei hoher Hitze unter ständigem Rühren mit dem Schneebesen aufkochen. Sofort in die Crememasse einrühren. Mit einem Teigschaber auf den gekühlten Teigboden verteilen. 5 Stunden oder über Nacht kalt stellen.

Mit einem Messer entlang des Cremerandes am Tortenring entlangfahren und den Ring sanft abheben. Vor dem Servieren mit Schlagrahm bespritzen. 1 dünne Limettenscheibe in die Mitte legen.

GESUNDHEITS-LEXIKON

LIMETTE
SEITE 175

DATTEL
SEITE 169

CASHEW
SEITE 189

KOKOS
SEITE 190

TIPP

Die beste Torte meines Lebens. Fantastisch zum Frühstück oder Brunch.

ESPRESSO Cake

ESPRESSOTORTE

SWEET & GELATO

Diese cremige Delikatesse, ganz aus rohen Zutaten gezaubert, ist Mauros absoluter Lieblingskuchen. Als espressoliebender vollblütiger Italiener wünscht er ihn sich immer zu seinem Geburtstag am 24. Dezember. Meinem echten Santa Claus erfülle ich natürlich jeden Wunsch mit größter Freude.

FÜR 6 PORTIONEN
1 flexibler Tortenring, Ø 16 cm

ROHER TEIG
1 EL Espressopulver (Dinzler Roma)
150 g Mandeln
100 g Datteln, entsteint
3 EL Kakao
4 EL Kokosblütenzucker
1 Prise Salz
1 TL Bourbonvanille, gemahlen
1–2 Bananen

ESPRESSOCREME
450 g veganer Frischkäse
6 EL Ahornsirup
2 EL Kokosblütenzucker
1 EL Kakao
1 TL Bourbonvanille, gemahlen
50 ml Espresso
10 g Agartin (vegane Gelatine)

ZUM SCHLUSS
Kokosschlagrahm (siehe S. 135), Espresso-/Kakaopulver und ein paar Kaffeebohnen

Alle Teigzutaten bis auf die Bananen 2-3 Minuten in der Küchenmaschine zerkleinern. Die Masse sollte nicht zu bröselig, aber auch nicht zu klebrig sein. Tortenring auf Ø 16 cm stellen und auf einen Kuchenteller oder ein rundes Holzbrett legen. Teig in den Tortenring geben und gleichmäßig mit einem Löffelrücken auf den Boden pressen. Bananen in dünne Scheiben schneiden und den Teigboden damit belegen. Kühl stellen.

Frischkäse, Ahornsirup, Kokosblütenzucker, Kakao und Vanille mit einem Schneebesen in einer Schüssel geschmeidig rühren.
Den Espresso mit Agartine in einem kleinen Kochtopf 2 Minuten bei hoher Hitze unter ständigem Rühren mit dem Schneebesen aufkochen. Sofort in die Crememasse einrühren. Mit einem Teigschaber auf dem gekühlten Teigboden verteilen. 5 Stunden oder über Nacht kühlen.

Das Messer vorsichtig entlang des Cremerandes am Tortenring entlangfahren und den Ring sanft abheben. Kurz vor dem Servieren mit Schlagrahm bespritzen. Etwas Kakao- und Espressopulver darüberpudern und Kaffeebohnen auf den Schlagrahm setzen.

GESUNDHEITS-LEXIKON

KAFFEE
SEITE 193

KAKAO
SEITE 193

DATTEL
SEITE 169

BANANE
SEITE 168

TIPP

Dinzler Espresso Roma ist für diese Torte unser Favorit!

VANILLA Pear Cake

VANILLE-BIRNEN-KUCHEN

SWEET & GELATO

In Babenhausen gibt es einen Birnbaum im Schlosshof, der die Wände hochwächst. Als Kind pflückte ich die Früchte gerne grün und knackig. Sie waren absolut perfekt. Süß und ein ganz bisschen sauer, eine magische Kindheitserinnerung.

FÜR 1 SPRINGFORM, Ø 28 CM

VANILLE-BIRNEN-SCHICHT
3 EL Ahornsirup
2 EL Zitronensaft
½ TL Vanillemark aus der Schote
3–4 Birnen (ca. 300 g)

TEIG
etwas Kokosöl für die Form
200 g Mandeln
250 g Mehl
2 EL Backpulver
1 Prise Salz
1 reife Birne zum Dekorieren

NASSE ZUTATEN
450 g Birnen, gewaschen und vom Stiel in Stücke geschnitten
2 TL Bourbonvanille, gemahlen
4 EL Kokosblütenzucker
4 EL Ahornsirup
1 TL geriebene Zitronenschale
3 EL Zitronensaft
150 ml Kokosmilch
1 reife Banane
2 EL Sonnenblumenöl

VANILLE-FROSTING
300 g veganer Frischkäse
¼ TL Vanillemark aus der Schote
1 EL Zitronensaft
3 EL Agavendicksaft

Für die Vanille-Birnen-Schicht Ahornsirup, Zitronensaft und Vanille in einer Schüssel verrühren. Die Birnen waschen, mit der Schale in dünne Scheiben schneiden und in die Vanillesirup-Schüssel legen. Sanft mit den Fingern vermischen und kühl stellen.

Ofen auf 250 °C (Umluft 230 °C) vorheizen. Springform ganz mit Kokosöl bestreichen. Mandeln 30 Sekunden in der Küchenmaschine zerkleinern. In eine große Schüssel geben. Das Mehl daraufsieben. Backpulver und Salz dazu. Mit einem Schneebesen gut vermischen.

Die nassen Zutaten in der Küchenmaschine 2 Minuten mixen. In die Mehlmischung einrühren. Den Springformboden fächerartig mit den gekühlten Vanillebirnen belegen. Den Teig daraufgeben. Mit einem Teigschaber bis zum Rand verteilen. Ofen auf 200 °C (Umluft 180 °C) stellen und ca. 55 Minuten backen. 15 Minuten in der Springform ruhen lassen. Kuchengitter darauflegen und umdrehen. Vorsichtig mit der Messerspitze zwischen Metallboden und festklebenden Birnen am Rand entlangfahren und den Metallboden von der Birnenschicht abheben. Abkühlen lassen.

Vanille-Frosting-Zutaten mit einem Schneebesen in einer Schüssel geschmeidig rühren. In einen Spritzbeutel mit einer Spitze deiner Wahl löffeln. Kühl stellen. Die reife Birne waschen, in lange Stücke schneiden und wie einen Propeller auf den Kuchen legen. Einen Kreisel Creme auf die Kuchenmitte und um den Rand spritzen.

GESUNDHEITS-LEXIKON

VANILLE
SEITE 195

BIRNE
SEITE 168

MANDEL
SEITE 191

KOKOS
SEITE 190

CINNAMON Apple Cake

ZIMT-APFEL-KUCHEN

SWEET & GELATO

Als wir nach langer Suche endlich unser Country Atelier „Kunst Paradies" fanden, pflanzte Mauro mir zur Feier drei Apfelbäume. Wir pflücken und lagern die süßen Schätze im Keller. Im verschneiten Winter ist dieses Rezept ein Sommertraum.

FÜR 1 SPRINGFORM, Ø 28 CM

ZIMT-APFEL-SCHICHT
3 EL Ahornsirup
2 EL Orangensaft
½ TL Zimt, gemahlen
3–4 Äpfel, ca. 300 g

TEIG
etwas Kokosöl für die Form
200 g Mandeln
250 g Mehl
2 EL Backpulver

NASSE ZUTATEN
450 g frische Äpfel, geschält
1 EL Zimt, gemahlen
1 TL Bourbonvanille, gemahlen
4 EL Kokosblütenzucker
4 EL Ahornsirup
½ TL Muskat, gemahlen
1 TL geriebene Orangenschale
3 EL Orangensaft
150 ml Kokosmilch
1 reife Banane
2 EL Sonnenblumenöl

ZIMT-FROSTING
300 g veganer Frischkäse
1 TL Zimt, gemahlen
1 EL Orangensaft
3 EL Ahornsirup

Für die Zimt-Apfel-Schicht Ahornsirup, Orangensaft und Zimt in einer Schüssel verrühren. Die Äpfel waschen, schälen und in dünne Halbmonde schneiden. In die Schüssel legen, sanft mit Zimtsirup vermischen und kühl stellen.

Ofen auf 250 °C (Umluft 230 °C) vorheizen. Eine Springform ganz mit Kokosöl bestreichen. Für den Teig die Mandeln 30 Sekunden in einer Küchenmaschine zerkleinern. In eine große Schüssel geben. Das Mehl daraufsieben. 1 Prise Salz und Backpulver dazu. Mit einem Schneebesen gut vermischen.

Die nassen Zutaten in der Küchenmaschine 2 Minuten mixen. Zu der Mehlmischung geben und zu einem Teig vermischen. Den Springformboden fächerartig mit den gekühlten Zimtäpfeln belegen. Den Teig daraufgeben. Mit einem Teigschaber bis zum Rand gleichmäßig verteilen. Ofen auf 200 °C (Umluft 180 °C) stellen. Ca. 60 Minuten backen. Dann 15 Minuten in der Form ruhen lassen. Den Ring der Springform entfernen und ein Kuchengitter oder einen Teller auf den Kuchen legen. Umdrehen, sodass der Kuchen auf dem Gitter oder Teller landet. Vorsichtig mit einer Messerspitze zwischen Metallboden und festklebenden Äpfeln am Rand entlangfahren. Den Metallboden vorsichtig von der Apfelschicht abheben. Abkühlen lassen.

Die Zimt-Frosting-Zutaten mit einem Schneebesen in einer Schüssel geschmeidig rühren. In einen Spritzbeutel mit deiner Lieblingsspitze löffeln. Kühl stellen. Später Mitte und Rand des Kuchens mit Cremehäubchen bespritzen.

GESUNDHEITS-LEXIKON

ZIMT
SEITE 195

APFEL
SEITE 167

ORANGE
SEITE 173

KOKOS
SEITE 190

TIPP

Beste Frühstücksüberraschung für Kids! Abends backen, wenn alle schlafen!

TIPP

Mit scharfem Messer schneiden! Die Glasur wird nach dem Kühlen knackig.

RASPBERRY Chocolate Cake

HIMBEER-SCHOKOLADEN-KUCHEN

SWEET & GELATO

Fast wie ein Brownie, und dann eben doch ein Kuchen. Diese perfekte Partytorte ist himmlisch schokoladig und voller Geschmack von den rubinroten Himbeeren. Schmeckt auch wunderbar mit Heidelbeeren, Brombeeren oder Erdbeeren. Bei uns ein Kindergeburtstagsfavorit, der immer wieder bestellt wird!

FÜR 1 SPRINGFORM, Ø 28 CM
etwas Kokosöl für die Form
200 g Mandeln
250 g Mehl
1 Prise Meersalz
2 EL Backpulver

NASSE ZUTATEN
300 g frische Himbeeren (100 g davon als Topping aufheben)
1 reife Banane
300 ml Kokosmilch
100 g Kokosblütenzucker
6 EL Ahornsirup
80 g Kakao
1 TL Bourbonvanille, gemahlen
1 EL geriebene Orangenschale
100 ml Orangensaft
4 EL Sonnenblumenöl

CREME
100 g veganer Frischkäse (z.B. „Streichgenuss“ von Simply V)
1 EL Agavendicksaft
¼ TL Vanillemark, aus der Schote

GLASUR
200 g vegane Schokolade
1 EL Kokosöl
2 EL Ahornsirup

Ofen auf 250 °C (Umluft 230 °C) vorheizen. Springformboden und Rand mit Kokosöl bestreichen.

Die Mandeln 30 Sekunden in einer Küchenmaschine zerkleinern. In große Schüssel geben. Das Mehl daraufsieben. Salz und Backpulver dazu. Mit einem Schneebesen gut vermischen.

Die nassen Zutaten (bis auf 100 g Himbeeren) in der Küchenmaschine 2 Minuten pürieren. Mit dem Schneebesen unter die Mehlmischung rühren. Den Teig in die Springform geben. Bei 200 °C ca. 45 Minuten backen. Einen Zahnstocher in der Mitte reinstecken, er darf nicht zu klebrig herauskommen. Kurz ruhen lassen. Den Springformring öffnen, ein Holzbrett auf den Kuchen legen. Vorsichtig umdrehen. Mit einem Messer die Bodenrandkruste entlangfahren und den Metallboden vom Kuchen abheben. Kuchengitter darauflegen und erneut umdrehen. Kuchen abkühlen lassen.

Für die Creme die Zutaten in eine Schüssel geben. Mit einem kleinen Schneebesen cremig rühren. Einen Spritzbeutel mit der Lieblingsspitze füllen. Die Creme hineinlöffeln. Kühlen.

Für die Glasur die Schokolade im Wasserbad schmelzen. Das Kokosöl und Ahornsirup dazurühren. Ganz über den Kuchen gießen. Mit einem Löffelrücken bis zum Rand verteilen. Abkühlen lassen. Cremehauben auf die Glasur spritzen, darauf die beiseitegelegten Himbeeren setzen, extra Creme auf alle Teller spritzen, fertig ist die Partytorte!

GESUNDHEITS-LEXIKON

HIMBEERE
SEITE 171

KAKAO
SEITE 193

KOKOS
SEITE 190

AHORNSIRUP
SEITE 192

Carrot CAKE

KAROTTENKUCHEN

Osterhasen, bunte Jelly Beans und Carrot Cake gehören zu meinen schönsten Kindheitserinnerungen in Florida. Dieser unvergesslich gute Kuchen ist eine Zeitreise zurück in die magischen 80er! Ich nehme Walnüsse von unserem Baum, süße Cashewcreme und handgezauberte mini Marzipankarotten.

FÜR 2 SPRINGFORMEN, 28 CM Ø

TEIG
Kokosöl für die Springformen
300 g Karotten, geschält
200 g Walnusskerne
250 g Mehl
1 Prise Salz
2 EL Backpulver

NASSE ZUTATEN
200 g Datteln (Medjool oder andere weiche Sorte), entsteint
200 ml Kokosmilch
1 reife Banane
1 TL geriebene Orangenschale
1 TL geriebene Zitronenschale
4 EL Orangensaft
3 EL Zitronensaft
2 EL Sonnenblumenöl
2 TL Zimt, gemahlen
1 TL Muskat, gemahlen
1 TL frischer Ingwer, gerieben
1 TL Bourbonvanille, gemahlen
5 EL Kokosblütenzucker

CREME FÜR KUCHENMITTE
200 g Cashewkerne, für 2 Stunden oder über Nacht eingeweicht

Ofen auf 250 °C (Umluft 230 °C) vorheizen. Springformen mit Kokosöl einreiben.

Für den Teig die Walnüsse in der Küchenmaschine 30 Sekunden lang zerkleinern. In eine große Schüssel geben. Mehl daraufsieben, Salz und Backpulver dazu. Mit einem Schneebesen gut vermischen. Die Karotten in der Küchenmaschine klein reiben. In eine zweite Schüssel geben. Restliche nasse Zutaten in der Küchenmaschine 2 Minuten pürieren. Zu den Karotten geben und gut vermischen. In den Mehlmix rühren. Mit einem Teigschaber in beide Springformen verteilen. Den Ofen auf 200 °C (Umluft 180 °C) stellen. Kuchen ca. 35 Minuten backen, herausnehmen. Mit einem Messer vorsichtig am Rand entlangfahren. 15 Minuten ruhen lassen. Aus den Formen lösen und auf ein Kuchengitter stülpen. Mit einem Messer am Bodenrand entlangfahren, Metallböden entfernen. 20 Minuten abkühlen lassen.

Für die Creme in der Mitte die Cashewkerne abtropfen und trocknen. Alle Cremezutaten 2–3 Minuten in der Küchenmaschine cremig mixen. Manchmal stoppen und Stücke von den Seitenwänden nach unten schieben. 1 Kuchenboden auf einen Kuchenteller oder ein rundes Holzbrett legen. Die Creme mit einem Teigschaber darauf verteilen. Den anderen Kuchenboden darauflegen.

Die Zutaten für weißes Frosting mit einem Schneebesen cremig rühren. Spritzbeutel mit Lieblingsspitze damit füllen und kühl stellen. Die Zutaten für gelbes Frosting mit einem Schneebesen cremig rühren. Mit einem Teigschaber gleichmäßig auf den Kuchen verteilen. Weißes Frosting um den Rand spritzen. Kuchen kühl stellen.

GESUNDHEITS-LEXIKON

KAROTTE
SEITE 178

WALNUSS
SEITE 192

MUSKAT
SEITE 194

ORANGE
SEITE 173

MANDEL
SEITE 192

Alle Zutaten für die Minikarotten bis auf Rosmarin und Kakao 3-4 Minuten in der Küchenmaschine zerkleinern. Immer wieder stoppen und mit dem Teigschaber Stücke vom Rand nach unten drücken. Fertiges Marzipan 15 Minuten kühl stellen. Mit den Händen aus jeweils 1 TL Marzipan die Minikarotten formen. Rosmarinspitzen als Karottengrün in die Enden stecken. Den Kakao auf einen Teller geben. Eine Messerspitze hineintauchen und sanft kleine „Erd"ritzen in die Karotten drücken. Den Kuchen damit dekorieren. Der Lenz ist da!

TIPP

Diesen Kuchen zusammen mit den Kindern backen! Es lohnt sich!

1 EL geriebene Orangenschale
3 EL frischer Orangensaft
5 EL Ahornsirup
2 EL Kokosmilch
1 EL Zitronensaft
1 TL Kurkumapulver

WEISSES FROSTING
150 g veganer Frischkäse
2 EL Agavendicksaft
1 TL Zitronensaft
¼ Bourbonvanille, aus der Schote

GELBES FROSTING
300 g veganer Frischkäse
1 TL Kurkumapulver
2 EL Orangensaft
4 EL Agavendicksaft

MINIKAROTTEN
100 g Mandeln, blanchiert
3 EL Agavendicksaft
1 TL frisch geriebener Ingwer
1 TL Kurkumapulver
½ TL geriebene Zitronenschale
2 TL Rote-Bete-Saft
1 TL Orangensaft
10–15 Rosmarinzweigspitzen
1 TL Kakao

Lavender

LAVENDELEIS

ICE CREAM

Ein lila Traum, vor allem im Winter, wenn die warmen Sonnenstrahlen und frischen Düfte des Gartens uns am meisten fehlen. Ich sammle den magischen Lavendel im Sommer und friere ihn ein, um dieses köstliche Eis auch in verschneiten Monaten zaubern zu können.

FÜR 4 PORTIONEN
1 EL frische oder eingefrorene Lavendelblüten, vom Stiel abzupfen
400 ml Reismilch
100 ml Kokosmilch
2 EL Rote-Bete-Saft
2 TL blaues Spirulinapulver oder natürliche Lebensmittelfarbe
100 g Cashewkerne, für 2 Stunden oder über Nacht eingeweicht
6 EL Ahornsirup (Agavendicksaft geht auch)

Lavendelblüten und Reismilch in einen Kochtopf geben und erhitzen. Sobald die Reismilch kocht, den Topf vom Herd nehmen. Abseihen und Lavendel entfernen. Abkühlen lassen. Rote-Bete-Saft und blaues Spirulinapulver in einer kleinen Tasse vermischen und in die Reismilch rühren.

Die eingeweichten Cashewkerne abtropfen und abtrocknen. Zusammen mit Kokosmilch und dem Ahornsirup in der Küchenmaschine für 3 Minuten geschmeidig mixen. Lila Reismilch dazugießen. Noch 1 Minute mixen. In die Eismaschine geben und zu Eis verarbeiten, bis du Kugeln formen kannst.

GESUNDHEITS-LEXIKON

LAVENDEL
SEITE 188

CASHEW
SEITE 189

REIS
SEITE 183

KOKOS
SEITE 190

TIPP

Mein Topfavorit als Nachspeise nach einem 4-Gänge-Menü.

Chocolate

SCHOKOLADENEIS **ICE CREAM**

SWEET & GELATO

Wenn die Kinder schlafen, bestellt sich Mauro bei mir manchmal diesen cremig dunklen Luxus in einer großen Schüssel vor dem Kamin. Füße hoch und ganz relaxed, wird er plötzlich ganz still und brummt wie ein zufriedener Bär. Jeder Löffel lädt seine Batterien neu auf mit Kraft, Inspiration und ganz viel AMORE!

FÜR 4 PORTIONEN
100 g Cashewkerne, für 2 Stunden oder über Nacht eingeweicht
400 ml Reismilch
100 ml Kokosmilch
6 EL Kakao
6 EL Ahornsirup
½ reife Banane
1 TL Zimt, gemahlen
¼ TL Muskat, gemahlen
2 EL Orangensaft

Eingeweichte Cashewkerne abtropfen und gut abtrocknen. Zusammen mit 100 ml Kokosmilch, Kakao, Ahornsirup, Zimt, Muskat und Orangensaft in der Küchenmaschine 3 Minuten geschmeidig mixen.

Wenn Cashewstücke am Rand kleben, kurz stoppen und mit einem Teigschaber nach unten drücken. Reismilch dazugießen. Weitere 2 Minuten mixen. In die Eismaschine geben und cremig drehen, bis du Kugeln formen kannst.

GESUNDHEITS-LEXIKON

KAKAO
SEITE 193

AHORNSIRUP
SEITE 192

ZIMT
SEITE 195

KOKOS
SEITE 190

TIPP

Mit Kokosschlagrahm und frischen Erdbeeren einfach unschlagbar!

Blue Banana
ICE CREAM

Dieses magische Rezept habe ich für unsere Tochter Blue Aurora erfunden. In ihrer Seele ist sie eine Meerjungfrau. Am liebsten schwimmt sie im Salzwasser und spricht mit den Wellen. Das natürlich blaue und geschmacksfreie Phycocyanin wird aus der Spirulinaalge gewonnen.

FÜR 4 PORTIONEN
100 g Cashewkerne,
für 2 Stunden oder
über Nacht eingeweicht
100 ml Kokosmilch
2 reife Bananen
4 EL Agavendicksaft
¼ TL Vanillemark,
aus der Schote
1 TL frischer Zitronensaft
1 EL blaues Spirulinapulver
400 ml Reismilch

Eingeweichte Cashewkerne abtropfen und gut abtrocknen. Zusammen mit Kokosmilch, 1 Banane, Agavendicksaft, Vanille, Zitronensaft und Spirulinapulver in der Küchenmaschine 3 Minuten geschmeidig mixen.

Wenn Cashewstücke am Rand kleben, kurz stoppen und mit einem Teigschaber nach unten drücken. Reismilch dazugießen. Weitere 2 Minuten mixen. In die Eismaschine geben und cremig drehen, bis du Kugeln formen kannst. Jede Portion mit ein paar hauchdünn geschnittenen Bananenscheiben servieren.

GESUNDHEITS-LEXIKON

BANANE
SEITE 168

CASHEW
SEITE 183

KOKOS
SEITE 190

REIS
SEITE 183

TIPP

Mit Blue Spirulina blaue Piña Colada oder Blueberry Pancakes zaubern!

Summer STRAWBERRY ICE CREAM

SOMMER-ERDBEEREIS

SWEET & GELATO

Wenn die Sommererdbeeren vor Reife platzen und den ganzen Garten mit ihrem süßen Parfum erfüllen, dann ist der beste Moment für dieses magische Eis gekommen. In einem hohen Glas als Frappé genossen, katapultiert es mich in Kindheitserinnerungen auf Schweizer Skihütten.

FÜR 4 PORTIONEN
300 g frische Erdbeeren, gewaschen, ohne Stiel
100 g Cashewkerne, für 2 Stunden oder über Nacht eingeweicht
6 EL Agavendicksaft
Vanillemark, aus 1 Schote gekratzt
1 EL Zitronensaft
300 ml Reismilch
100 ml Kokosmilch

Erdbeeren, Cashewkerne, Agavendicksaft, Vanille und Zitronensaft 4 Minuten in der Küchenmaschine geschmeidig pürieren. Reis- und Kokosmilch dazugießen.

2 weitere Minuten mixen. Ab in die Eismaschine, bis du Kugeln formen kannst. Ein Traum mit Kokosschlagrahm (siehe S. 138).

GESUNDHEITS-LEXIKON

ERDBEERE
SEITE 196

VANILLE
SEITE 195

CASHEW
SEITE 183

KOKOS
SEITE 190

TIPP

Super Rezept für junge Köche: pflücken, mixen, Eismaschine, Volltreffer!

COOKIE DOUGH Ice Cream

KEKSTEIG-EIS

This is the real deal! Ben & Jerry's, Häagen Dazs können alle einpacken. Zu Hause dieses Eis selber zaubern zu können hat mir ein neues Gefühl von Freiheit geschenkt! Meine Chocolate Chip Coconut Cookies, kombiniert mit dem cremigsten Cashew-Vanille-Eis, und schon schweben alle auf Wolke sieben!

FÜR 4 PORTIONEN
Chocolate Chip Coconut Cookies (siehe S. 140)

CASHEW VANILLE EIS
100 g Cashewkerne, für 2 Stunden oder über Nacht eingeweicht
6 EL Ahornsirup
½ TL Vanillemark, aus der Schote gekratzt
400 ml Reismilch
100 ml Kokosmilch
etwas Kokosschlagrahm (Rezept S. 135)

Du brauchst für das Eis ca. 6 Chocolate Chip Coconut Cookies, jeweils in 1-cm-Stücke geschnitten. 2 extra Cookies zur Dekoration am Ende.

Für das Eis die eingeweichten Cashewkerne abtropfen und abtrocknen. Zusammen mit Ahornsirup, Vanille und 100 ml Kokosmilch in der Küchenmaschine für 3 Minuten cremig mixen. Reismilch dazugeben und 1 Minute weitermixen. In der Eismaschine zum Gelato drehen. Sobald die Creme fester wird, die Cookie-Stücke dazugeben. Fertig drehen lassen.

Ein paar extra Cookie-Stücke in 4 Gläser legen. Jeweils eine Eiskugeln darauff löffeln. Etwas Kokosschlagrahm dazu. Eine zweite Kugel, wieder Schlagrahm und 1 extra Cookie-Stück als Topping-Krönung daraufgeben! The best!

GESUNDHEITS-LEXIKON

KAKAO
SEITE 193

KICHERERBSE
SEITE 179

VANILLE
SEITE 195

CASHEW
SEITE 183

TIPP

**Vorsicht!
In Maßen genießen …
macht schnell süchtig!**

POMEGRANATE Granita

GRANATAPFELEIS-GRANITA

SWEET & GELATO

An einem heißen Sommerabend in den steilen Straßen von Taormina genoss ich meine erste Granita. Ich war hochschwanger und brauchte dringend etwas Kaltes und Süßes. Diese sizilianische Köstlichkeit erfrischte und verzauberte mich sofort. Die Italiener machen sie meist mit Zitrusfrüchten oder Mandeln. Meine zuckerfreie Granatapfel-Granita verleiht jedem Immunsystem Superkräfte und ist unser absoluter Favorit.

FÜR 4 PERSONEN
1 Granatapfel
Saft von 1 Orange
Saft von ½ Zitrone
3 EL Agavendicksaft
½ TL Vanillemark, aus der Schote gekratzt
300 ml Sprudelwasser

Rubinrote Kerne aus der Granatapfelschale lösen. Ein paar zum Dekorieren zur Seite legen. Mit Orangen-, Zitronensaft, Agavendicksaft und Vanille 3 Minuten in der Küchenmaschine geschmeidig pürieren. Das saftige Fruchtfleisch durch ein Sieb pressen. Sprudelwasser dazurühren und alles ca. 3–5 Zentimeter hoch in ein Plastikgefäß gießen. Tiefkühlen.

Nach 1 Stunde mit einer Gabel die Oberfläche zerstochern und mit dem Rest vermischen. Erneut in den Eisschrank geben. In regelmäßigen Abständen wiederholen, bis die Granita gecrushte Eiskonsistenz hat. In vorgekühlte Gläser löffeln. Mit extra Granatapfelrubinen dekorieren. Einfach magisch!

GESUNDHEITS-LEXIKON

GRANATAPFEL
SEITE 170

ZITRONE
SEITE 175

ORANGE
SEITE 173

VANILLE
SEITE 195

TIPP

Magisch für Kids als Eis am Stiel „Pomegranate Popsicles"!

DINZLER
KAFFEERÖSTEREI
ESPRESSO
Roma
SONDEREDITION
Amore
DINZLER
Milano
SONDEREDITION
MOLOTOW
ONE4ALL

STRACCIATELLA-
Espresso-Ice Cream

SWEET & GELATO

Stracciatella-Eis („zerfetzt“ auf Deutsch) kommt ursprünglich aus Bergamo, der Heimatstadt von Mauros Mutter. Er liebte sie sehr. Der Krebs nahm ihr eines ihrer himmelblauen Augen, als Mauro ein Junge war. Fortan lebte sie mit einem Glasauge. Das offene, immer wache, allsehende dritte Auge wurde zum künstlerischen Symbol unseres Maestros und bewegt ihn täglich.

FÜR 4 PERSONEN
50 g vegane Schokolade deiner Wahl
100 g Cashewkerne, 1–2 Stunden oder über Nacht eingeweicht
400 ml Reismilch
100 ml Kokosmilch
100 ml kalter Espresso (wir lieben Espresso der Kaffeerösterei Dinzler)
6 EL Ahornsirup

Die Schokolade mit einem scharfen Messer klein schneiden. Die eingeweichten Cashewkerne abseihen und gut abtrocknen. Zusammen mit 100 ml Kokosmilch und Ahornsirup in der Küchenmaschine 3 Minuten geschmeidig mixen.

Kalten Espresso und Reismilch dazugießen. Weitere 2 Minuten mixen. Die Schokoladenstücke dazumischen und ab in die Eismaschine. Wer keine hat – Granita-Espresso-Eis machen (siehe S. 159)!

GESUNDHEITS-LEXIKON

KAFFEE
SEITE 183

CASHEW
SEITE 183

AHORNSIRUP
SEITE 192

TIPP

Magisch serviert in echten Bergonzoli-„AMORE“ Espresso-Tassen.

Rainbow ICE CREAM CAKE

REGENBOGEN-EIS-KUCHEN

SWEET & GELATO

„Paris Sorbet" hieß mein Lieblingseisladen in der Kindheit. Bernard, der französische Besitzer, machte täglich frische Sorbets. Zum Geburtstag bekamen wir immer eine bunte Eistorte, gefüllt mit köstlichen Kugeln in allen Farben. Dieser Regenbogen-Eis-Kuchen erinnert mich an diese magische Zeit.

FÜR 1 SPRINGFORM (Ø 26 CM) MIT ROHRBODEN (KRANZFORM)

1,8 l Reismilch
(oder Pflanzenmilch deiner Wahl)
180 ml Agavendicksaft
Lebensmittelfarben:
rot (oder 2 EL Rote-Bete-Saft),
orange (oder 2 TL Rote-Bete-Saft & ½ TL Kurkumapulver),
gelb (oder ½ TL Kurkumapulver),
grün, blau (oder blaues Spirulinapulver),
lila (rot & blau oder Mix aus Rote-Bete-Saft und Blue Spirulina)
8 Himbeeren
3 EL Orangensaft + ½ TL geriebene Orangenschale
3 EL Zitronensaft + ½ TL geriebene Zitronenschale
1–2 Tropfen Pfefferminzöl oder -essenz
3 EL Traubensaft

Reis- oder Pflanzenmilch in einen Topf geben und Agavendicksaft hineinrühren.

300 ml davon rot färben und mit Himbeeren kurz in den Mixer geben. Ein paar Minuten in der Eismaschine dickflüssig werden lassen und auf den Rohrboden der Springform geben. 20 Minuten in den Gefrierschrank stellen.

300 ml Reismilch orange färben, Orangensaft und -schale dazu, auf gefrorenes Rot geben, dann wieder gefrieren lassen. 300 ml Reismilch gelb färben, Zitronensaft und -schale dazu, auf gefrorenes Orange geben und wieder in das Gefrierfach stellen. 300 ml Reismilch grün färben, Pfefferminzöl dazu, auf gefrorenes Gelb geben und wieder kühl stellen, 300 ml Reismilch blau färben, auf gefrorenes Grün geben, festfrieren lassen. 300 ml Reismilch lila färben, Traubensaft dazu, auf gefrorenes Blau geben – so entsteht der Farblauf eines Regenbogens.

Sobald der Kuchen ganz gefroren ist, Springform mit heißem feuchtem Tuch anwärmen und den Ring lösen. Auf ein Holzbrett oder einen Kuchenteller stülpen. Ein großes Messer in heißes Wasserglas tunken, anschneiden und gleich servieren.

Ohne Eismaschine 3–4 cm hoch in ein Plastikgefäß schütten und 1 Stunde im Gefrierschank zur Granita werden lassen. Dann in Springform geben.

GESUNDHEITS-LEXIKON

REIS
SEITE 183

HIMBEERE
SEITE 170

ORANGE
SEITE 173

ZITRONE
SEITE 175

MINZE
SEITE 188

TIPP

Perfekt für jede Kindergeburtstagsparty!

Gesund heits-Lexikon

HINWEIS

Die Empfehlungen in diesem Glossar zu Obst, Gemüse, Nuss- und Kräutersorten sind kein Ersatz für den Rat von Ärzten und professionellen Gesundheitsexperten. Für alle gesundheitlichen Fragen, vor allem wo Diagnose und medizinische Behandlung wichtig sein könnten, wende dich bitte direkt an den Arzt deines Vertrauens. Weder Autorin noch Verlag können für eventuelle Nachteile, die aus den im Buch erwähnten Hinweisen resultieren, die Haftung übernehmen.

ANANAS

- Entwässert
- Verbrennt Fett
- Senkt Blutdruck
- Lässt Altersflecken schwinden
- Hebt den Eiweißstatus im Körper
- Entlastet die Bauchspeicheldrüse
- Hilft bei Sonnenstichbeschwerden
- Hilft bei Darmstörungen und Durchfall
- Entspannt Muskeln und hemmt Menstruationskrämpfe

APFEL

- Reinigt den Darm
- Kräftigt das Zahnfleisch
- Stimuliert den Stoffwechsel
- Wirkt als natürliche Jungkur
- Stabilisiert den Blutzuckerspiegel
- Kräftigt schwache Venen und Gefäße
- Kräftigt Immunsystem, Herz und Kreislauf
- Senkt Blutdruck, Cholesterin und Blutfettwerte
- Reich an Magnesium, Carotinen, Eisen und Kalium

APRIKOSE

- Verbessert das Blutbild
- Kurbelt die Zellbildung an
- Lindert Asthmabeschwerden
- Verbessert die Stimmungslage
- Stoppt den Alterungsprozess, verjüngt
- Hilft bei Trockenheit in Hals und Rachen
- Kräftigt Schleimhäute, Haut, Haare und Nägel
- Hilft bei Müdigkeit und Konzentrationsschwäche
- Panzert Zellen gegen Immungifte und freie Radikale

AVOCADO

- Hilft beim Abspecken
- Reich an Vitamin B6 und B5
- Verbessert die Eiweißverwertung
- Mildert Menstruationsbeschwerden
- Idealer Eiweißlieferant für stillende Mütter
- Kurbelt die Produktion roter Blutkörperchen an
- Macht geistig frisch und konzentrationsstark
- Gutes Fett, perfekt als Butterersatz aufs Brot
- Super Gesichtsmaske für eine weiche, schöne Haut

BANANE

- Wirkt entgiftend
- Kräftigt das Immunsystem
- Hilft bei zu hohem Blutdruck
- Senkt den Cholesterinspiegel
- Heilt entzündete Magenschleimhäute
- Entwässert den Körper, hilft beim Abspecken
- Mildert Schlafstörungen, beruhigt die Nerven
- Reich an Vitaminen, Kalium und guten Kohlehydraten
- Gesunder Snack für unterwegs und für hungrige Kinder

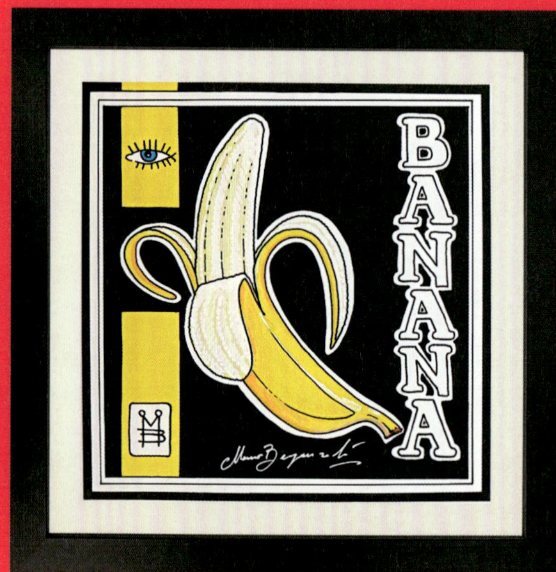

BIRNE

- Reich an Folsäure
- Entgiftet den ganzen Körper
- Optimiert die Leistung beim Sport
- Regelt den Wasserhaushalt im Körper
- Fördert Wachstum, beliebt bei Kindern
- Symbol für das ewige Leben im alten China
- Hlift bei Verdauungsstörungen, entschlackt den Darm
- Hilft gegen Harnsteinbildung, Nieren- und Blasenproblemen
- Wirkt blutbildend, senkt das Risiko,
  an Diabetes zu erkranken

BROMBEERE

- Reich an Vitamin C
- Festigt das Bindegewebe
- Kräftigt das Immunsystem
- Beugt Alterungsprozessen vor
- Hilft bei Stress und Nervosität
- Wirkt anregend auf die Drüsentätigkeit
- Als Tee oder Saft wirksam gegen Heiserkeit
- Wirkt entzündungshemmend auf Schleimhäute
- Hilft bei Venenleiden, Krampfadern und Hämorrhoiden

DATTEL

- Reich an Eisen und Kupfer
- Idealer Lieferant von B-Vitaminen
- Stimuliert das Herz-Kreislauf-System
- Macht glücklich, sorgt für mentale Frische
- Fördert die Konzentration, gut für die Augen
- Reich an Kalzium für gesunde Zähne und Knochen
- Perfekter Zuckerersatz, gesunder Snack für Kinder
- Mildert Schlafstörungen, schenkt erholsamen Schlaf
- Kurbelt Energiestoffwechsel in allen Körperzellen an

ERDBEERE

- Wirkt vitalisierend
- Sorgt für mehr sexuelle Lust
- Beugt Herzerkrankungen vor
- Kräftigt Knochen, Haar und Haut
- Entschlackt und reinigt den Körper
- Wirkt blutbildend, kräftigt das Immunsystem
- Reich an Vitamin C, Folsäure, Kalium und Mangan
- Lindert Verdauungsstörungen, entgiftet den Darm
- Hilft gegen Masern, Pocken, Leber- und Gallenleiden

FEIGE

- Hilft beim Abspecken
- Verbessert die Stimmungslage
- Befreit von Nervosität und Stress
- Stärkt die Konzentrationsfähigkeit
- Hilft bei Müdigkeit und Depression
- Lindert Menstruationsbeschwerden
- Beliebte Heilfrucht im alten Ägypten
- Hilft bei Verstopfung, reguliert die Verdauung
- Ideal für Menschen mit niedrigem Blutzuckerspiegel

GRANATAPFEL

- Stabilisiert den Blutdruck
- Verbessert das Gedächtnis
- Lindert Stress und Müdigkeit
- Reich an Vitamin B6 und Vitamin C
- Verleiht den Haaren Glanz und Stärke
- Wirkt verjüngend und hebt die Stimmung
- Gesund für das Herz und stabilisiert Blutdruck
- Stärkt die Zähne, lindert Entzündungen im Mund

HEIDELBEERE

- Beugt Infektionen vor
- Kräftigt das Immunsystem
- Senkt den Cholesterinspiegel
- Verjüngt, vitalisiert und beruhigt
- Schützt die Körperzellen gegen freie Radikale
- Fördert die Konzentration und mentale Frische
- Unterstützt Maßnahmen zur Gewichtsabnahme
- Hilft bei Durchfall und Verdauungsproblemen
- Nach alter Sage: magische Beere, schützt vor dem Bösen

HIMBEERE

- Hoher Gehalt an Ballaststoffen
- Bringt Glanz und Fülle ins Haar
- Lindert Menstruationsbeschwerden
- Hilft bei Nasen- und Zahnfleischbluten
- Macht die Haut weich und geschmeidig
- Hilft bei Nieren- und Blasenbeschwerden
- Reich an Vitamin A und dem Schönheitsvitamin Biotin
- Hilft bei Sehschwäche, Nachtblindheit und Augenleiden
- Beliebte Vitamin-C-Quelle für Kinder, verbessert Verdauung

JOHANNISBEERE

- Reich an Eisen und Kupfer
- Idealer Lieferant von B-Vitaminen
- Stimuliert das Herz-Kreislauf-System
- Macht glücklich, sorgt für mentale Frische
- Fördert die Konzentration, gut für die Augen
- Reich an Kalzium für gesunde Zähne und Knochen
- Perfekter Zuckerersatz, gesunder Snack für Kinder
- Mildert Schlafstörungen, schenkt erholsamen Schlaf
- Kurbelt Energiestoffwechsel in allen Körperzellen an

KIRSCHE

- Wirkt verjüngend
- Hilft bei Parodontose
- Schützt das Bindegewebe
- Fördert eine schöne und gesunde Haut
- Unterstützt Maßnahmen zur Gewichtsabnahme
- Senkt Harnsäure, lindert Entzündungen und Arthritis
- Lindert rheumatische Gelenkerkrankungen und Gicht
- Reich an Vitamin C, beliebt bei Kindern
- In Mythen ist der Kirschbaum berühmt als Ort, an dem Feen und Elfen wohnen

KIWI

- Lindert Stress
- Kräftigt das Immunsystem
- Reich an Vitamin C und Magnesium
- Beugt Diabetes und Infektionen vor
- Trägt aktiv zum Knochenwachstum bei
- Festigt Gefäße (Venen) und Bindegewebe
- Hilft bei Zahnfleischbluten und Parodontose
- Beschleunigt Stoffwechsel und Hormonproduktion
- Stimuliert die Muskeltätigkeit, speziell im Herzmuskel

MANGO

- Bringt Farbe in Haut und Haare
- Hilft bei Sehschwäche und Nachtblindheit
- Beruhigt Nerven, hebt Stimmung, lindert Stress
- Beugt Infektionen und Erkältungskrankheiten vor
- Natürlicher Fatburner, hält die Schleimhäute gesund
- Aktiviert Hormone für Libido und Orgasmusfähigkeit
- Buddhas Meditationsbaum, Symbol für Kraft und Liebe
- Sehr reich an B-Vitaminen, vor allem Vitamin B6, B3 und B5
- Belebt Gene im Zellkern, lindert chronische Blasenentzündung

MELONE

- Stärkt die Blutbildung
- Kurbelt die Zellatmung an
- Verschönert Haut und Haar
- Kräftigt Knochen und Zähne
- Wirkt verjüngend und vitalisierend
- Verbessert die Eiweißverwertung
- Schützt die Schleimhäute im ganzen Körper
- Aktiviert die Sexualhormone, sorgt für mehr Libido
- Reich an Folsäure, Eisen, Vitamin B3, Mangan und Vitamin C

ORANGE

• Unterstützt Diäten zum Abspecken
• Kräftigt Immunsystem und Blutbildung
• Vitalisiert, kurbelt den Zellstoffwechsel an
• Stoppt Zahnfleischbluten, beugt Nasenbluten vor
• Regt den Geist an, beseitigt Konzentrationsmängel
• Verschönert das Haar und kräftigt das Bindegewebe
• Vitamin-C-Superfrucht, lindert chronische Müdigkeit
• Aktiviert alle Körperdrüsen, stärkt Libido und männliche Potenz
• Sonnenkönig Ludwig XIV. pflanzte sie in silberne Wannen als Parfüm

PAPAYA

• Heilt Eiweißmangelkrankheiten
• Stärkt Immunsystem und Schleimhäute
• Verbessert den Eiweißstatus in allen Körperzellen
• Belebt ausgetrocknete Körperzellen
• Aktiviert die Muskelbildung, kräftigt Herz und Kreislauf
• Hilft gegen Falten, wirkt vitalisierend, macht fit und stark
• Stimuliert Hormone für mehr Libido und Lebensfreude
• Fördert gute Verdauung, heilt Magengeschwüre
• Christoph Kolumbus taufte sie südamerikanische „Frucht der Engel"

PFIRSICH

• Symbol der Unsterblichkeit im alten China
• Der Pfirsichbaum ist 2,6 Millionen Jahre alt
• Verjüngt den Körper, entwässert, macht schlank
• Stärkt Bindegewebe, Gefäße, Herz-Kreislauf-System
• Reich an Vitamin B3, Magnesium, Selen und Zink
• Hilft gegen Unruhe, Gereiztheit und Angstgefühle
• Beschleunigt die Darmpassage, löst Verstopfungen
• Wehrt freie Radikale ab und stoppt den Alterungsprozess
• Macht widerstandsfähiger gegen Stress, kräftigt das Immunsystem

PFLAUME

- Vitamin-B-Bombe
- Senkt das Osteoporoserisiko
- Stärkt das Herz und Immunsystem
- Macht widerstandsfähig gegen Stress
- Gut für die Augen, beugt grauem Star vor
- Lässt Kilos purzeln, hilft bei Gewichtsreduzierung
- Reinigt den Darm, kurbelt Kohlenhydratstoffwechsel an
- Hilft bei nervöser Unruhe und Konzentrationsproblemen
- Stärkt den Membranschutz der Körperzellen, neutralisiert freie Radikale

QUITTE

- Hilft bei Husten und Halsweh
- Hebt die Stimmung, macht glücklich
- Beugt Krebs und Arteriosklerose vor
- Quitten-Nasenspray wirkt bei Pollenallergie
- Schützt die Leber, wirkt antibakteriell und antiviral
- Reich an Vitamin C, B, E, Kalium, Magnesium und Kupfer
- Entgiftet Haut und Körper. Eliminiert radioaktive Partikel
- Hippokrates verschrieb sie bei Fieber und Magenproblemen
- Symbol für Glück, Liebe und Fruchtbarkeit bei den alten Griechen

TRAUBE

- Hebt die Stimmung
- Reich an allen B-Vitaminen
- Lindert Menstruationsbeschwerden
- Hilft bei Müdigkeit, Nervosität und Depressionen
- Ideale Schlankheitskur im Herbst, entsäuert den Körper
- Macht Haut glatt und geschmeidig, natürliches Facelifting
- Beseitigt Verstopfung, aktiviert Kohlenhydratstoffwechsel
- Reinigt Nieren, Blase und Harnwege, hilft bei Neurodermitis

ZITRONE / LIMETTE

- Vitalisiert und verjüngt
- Verbessert den Eiweißstatus im Körper
- Setzt Fett frei, unterstützt Schlankheitskuren
- Kräftigt die Blutgefäße und stoppt Zahnfleischbluten
- Aktiviert Kalziumstoffwechsel für Knochen und Zähne
- Kräftigt Immunsystem, Bindegewebe, Haare und Nägel
- Schützt Herz, fördert Zellwachstum, stimuliert Verdauung
- Verbessert Eisenverwertung für Zellatmung, senkt Krebsrisiko
- Antikes Symbol für Liebe, Fruchtbarkeit und das ewige Leben

ARTISCHOCKE

- Wirkt entzündungshemmend
- Schützt und kräftigt die Leber
- Reich an den Vitaminen A, B, C und E
- Wirkt verjüngend auf den gesamten Organismus
- Wirkt entwässernd und gegen Gewebeschwellungen
- Reguliert Blutzuckerspiegel, senkt den Cholesterinspiegel
- Beseitigt Verdauungsstörungen, Übelkeit und Blähungen
- Antikes Heilmittel bei den Griechen, Römern und Ägyptern
- Beugt Gallensteinen vor und sorgt für gesunden Galleabfluss

AUBERGINE

- Entgiftet den Darm
- Reich an Antioxidantien
- Senkt hohen Blutdruck
- Kalorienarm und sättigend
- Senkt hohen Cholesterinspiegel
- Beugt Herz-Kreislauf-Erkrankungen vor
- Ballaststoffreich, hilft gegen Verstopfung
- Hilft bei Diabetes, senkt den Blutzuckerspiegel
- Vitaminreich, vor allem Vitamin C, B-Vitamine und Mineralien

BLUMENKOHL

- Wirkt entwässernd
- Macht satt und schlank
- Hilft bei Nieren- und Blasenproblemen
- Reich an Vitamin B5 und beugt Infektionen vor
- Sorgt für hohen Nährstoffgehalt in allen Körperzellen
- Hilft gegen Prostatakrebs in Kombination mit Kurkuma
- Wirkt blutdrucksenkend und kurbelt die Blutbildung an
- Kräftigt das Immunsystem, stimuliert die Zellerneuerung
- Baut Darmschleimhaut auf, beugt Dickdarmkrankheiten vor

BOHNE

- Entwässert den Körper
- Kräftigt Herz und Kreislauf
- Hilft bei Verdauungsproblemen
- Wirkt vitalisierend, verjüngt die Zellen
- Hilft gegen Leber-, Nieren- und Blasenleiden
- Kurbelt die Eiweißsynthese in Körperzellen an
- Heilt Kreislaufbeschwerden, beugt Darmkrebs vor
- Reich an B-Vitaminen, Eisen, Kalzium, Kalium und Vitamin C
- Hilft gegen Müdigkeit, Unruhe und Konzentrationsschwäche

BROKKOLI

- Stärkt Herz und Kreislauf
- Lindert Menstruationsbeschwerden
- Stärkt die Muskelarbeit (wichtig für Sportler)
- Verbessert Verdauung, enthält krebshemmende Inhaltsstoffe
- Beugt Infektionen vor, regt das Immunsystem an
- Versorgt Zellen mit Sauerstoff und wirkt blutbildend
- Wirkt massiv vorbeugend gegen Darmerkrankungen
- Kurbelt den Eiweiß- und Kohlenhydratstoffwechsel an
- Hilft gegen nervöse Unruhe, Reizbarkeit und Schlafstörungen

CHICORÉE

- Hilft beim Abspecken
- Senkt hohen Blutdruck
- Beugt Arteriosklerose vor
- Senkt den Cholesterinspiegel
- Beugt Herzinfarkt und Schlaganfall vor
- Reguliert den Wasserhaushalt im Körper
- Befreit von Verdauungsstörungen und Verstopfung
- Kräftigt Darmschleimhaut und stabilisiert Darmflora
- Entgiftet den Darm und beugt Darmerkrankungen vor

ERBSE

- Vitalisiert den Körper
- Natürliche Proteinquelle
- Senkt Cholesterinspiegel
- Verbessert die Sehfähigkeit
- Entgiftet und hilft bei Verstopfung
- Sorgt für starke Haare und Bindegewebe
- Kräftigt die Nerven und erfrischt den Geist
- Wirkt verjüngend, fördert das Zellwachstum
- Top-Quelle für Vitamin B, Kalzium, Kalium, und Magnesium

FENCHEL

- Beseitigt Verstopfung
- Entspannt und beruhigt
- Senkt Cholesterinspiegel
- Wirkungsvolles Mittel zur Krebsprophylaxe
- Hebt die Stimmungslage und verleiht gute Nerven
- Kräftigt das Immunsystem und steigert die Zelltätigkeit
- Abspeckgemüse für Übergewichtige, vor allem bei Bauchfett
- Idealer (Kinder-) Knabbersnack für gesunde, saubere Zähne
- Antikes Heilmittel gegen Darmprobleme, Husten und Erkältung

GRÜNKOHL

• Stimuliert Bildung von Kollagen und Elastin
• Entgiftet den Darm und beseitigt Verstopfung
• Senkt Cholesterin- und Fettkonzentrationen im Blut
• Wirkt vitalisierend und verbessert die Stimmungslage
• Kräftigt Schleimhäute im Körper, schützt Körperzellen
• Reich an Chlorophyll, Kalzium, Kalium und Magnesium
• Altrömisches Heilmittel gegen Brustkrebs und Arthrose
• Lindert Schmerzen und baut Spannungen im Gewebe ab
• Top-Quelle für Omega-3-Fettsäuren, Betacarotin, Vitamin E und C

GURKE

• Macht schlank
• Hilft bei Sonnenbrand
• Stärkt das Bindegewebe
• Lindert Augenbeschwerden
• Verschönert Haut, Haare und Nägel
• Lindert Nieren und Blasenbeschwerden
• Reinigt den Darm, wirkt abführend und entgiftend
• Verbessert Eiweißverwertung, stärkt das Immunsystem
• Lieblingsgemüse des römischen Kaisers Tiberius im Winter-Glashaus

KAROTTE

• Sorgt für schöne Haut
• Stärkt Herz und Kreislauf
• Stärkt das ganze Immunsystem
• Wirkt verjüngend und kann Zellalterung aufhalten
• Verbessert Sehvermögen, hilft bei Nachtblindheit
• Lebens- und Heilmittel der Steinzeitmenschen
• Weltrekordhalter in Vitamin A, beliebt als Kindersnack
• Kurbelt Zellstoffwechsel an, lässt Haare und Nägel wachsen
• Aktiviert Spermienbildung, erhöht männliche Zeugungsfähigkeit

KARTOFFEL

• Stärkt Herz und Kreislauf
• Regt die Hormonproduktion an
• Versorgt alle Zellen mit Nährstoffen
• Reguliert den Wasserhaushalt im Körper
• Stimuliert das Wachstum (wichtig für Kinder)
• Reguliert die Verdauung und beseitigt Verstopfungen
• Aktiviert Stoffwechsel, wirkt basisch, entsäuert den Körper
• Baut Knochensubstanz auf, kräftigt Muskeln und Bindegewebe
• Wunderknolle: Nahrungs- und Heilmittel der Inkas in Südamerika

KICHERERBSE

• Top-Proteinquelle
• Macht satt und schlank
• Schützt Herz und Kreislauf
• Fördert eine gesunde Verdauung
• Bringt heilende Kräfte für Diabetiker
• Reich an Mangan, wirkt antioxidativ im Körper
• Hildegard von Bingen empfahl sie schon als Fiebersenker
• Steigert das Leistungsniveau und fördert eine stabile Gesundheit
• Reich an Eiweiß, Folsäure, Eisen, Zink, Kupfer, Ballaststoffen

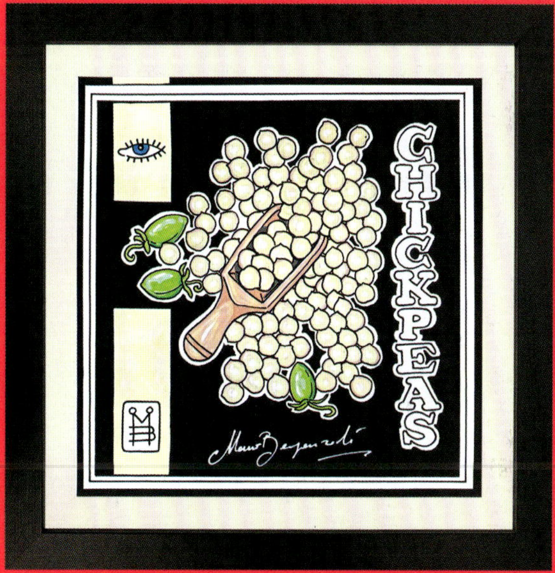

KNOBLAUCH

• Bremst Alterungsprozesse
• Tötet Bakterien und Pilze im Darm
• Lindert Hämorrhoidenbeschwerden
• Hilft bei Krampfadern und Venenleiden
• Verbessert Durchblutung, senkt Blutdruck
• Von den Pharaonen als heilige Pflanze gefeiert
• Altägyptisches Heilmittel für Kopf- und Halsschmerzen
• Stärkt Liebeslust, Herz, Kreislauf,Konzentrationsfähigkeit
• Hippokrates empfahl ihn gegen Verstopfung und Gebärmuttertumoren

KOHLRABI

- Stärkt das Herz
- Kräftigt Haut und Haare
- Verbessert die Stimmung, lindert Stress
- Kräftigt das Immunsystem, beugt Infektionen vor
- Stimuliert Sauerstoffversorgung und Zellatmung
- Kurbelt den Zellstoffwechsel und die Blutbildung an
- Sorgt für mentale Frische und Konzentrationsfähigkeit
- Reich an B-Vitaminen, sorgt für mehr Energie und Vitalität
- Wirkt entwässernd, unterstützt Maßnahmen zur Gewichtsabnahme

KÜRBIS

- Senkt den Blutfettspiegel
- Macht schlank, jung und fit
- Hilft beim Abbauen von Speckpolstern
- Fördert die Verdauung, entgiftet den Darm
- Stärkt die Schutzhülle der Nerven, wirkt beruhigend
- Entlastet die Bauchspeicheldrüse, hilft gegen Diabetes
- Wirkt harntreibend, hilft bei Nieren- und Prostataleiden
- Kräftigt das Immunsystem, wirkt gegen schwindende Sehkraft
- Reich an Vitamin A, Kupfer, Eisen, Magnesium, Kalium und Carotinen

LAUCH

- Senkt den Cholesterinspiegel
- Kurbelt Darmpassage an, hilft bei Verstopfung
- Heilend bei Krampfadern und Venenbeschwerden
- Reinigt Magen und Darm von Bakterien und Pilzen
- Fördert Durchblutung und beugt Hämorrhoiden vor
- Wirksam gegen altersbedingte Gefäßveränderungen
- Heilt Blasenentzündungen, hilft bei Blähungen, Durchfall
- Unterstützt Aufbau von neuem, jungem Bindegewebe
- Der römische Kaiser Nero aß ihn täglich für optimale Gesangsstimme

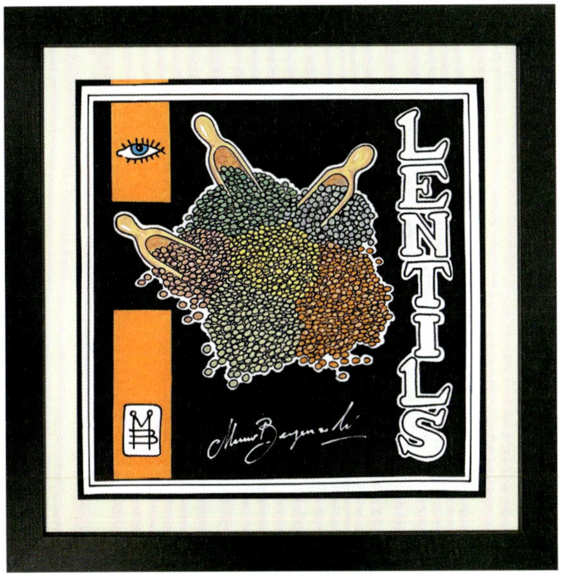

LINSEN

- Verjüngen das Bindegewebe
- Stimulieren die Hormonproduktion
- Antikes Symbol für Reichtum und Glück
- Kräftigen die Nerven und die Gehirnleistung
- Aktivieren Libido, Orgasmusfähigkeit und Potenz
- Proteinreich, kalorienarm und voll wertvollem Zink
- Regulieren Blutzuckerspiegel, heilen Müdigkeit und Depression
- Helfen bei Nieren- und Blasenbeschwerden, wirken entwässernd
- Eisenreich für gute Blutbildung und Sauerstoffversorgung der Zellen

MAIS

- Verjüngt und vitalisiert
- Stärkt das Immunsystem
- Hilft bei Libidomangel und Impotenz
- Kräftigt Muskeln, Herz und Bindegewebe
- Macht widerstandsfähiger in Stresssituationen
- Hebt die Stimmungslage und kräftigt die Nerven
- Verschönert die Haut und stimuliert fülliges Haar
- Stimuliert Zellwachstum, Zellatmung und Blutbildung
- Verbessert die Gehirnleistung und Konzentrationsfähigkeit

OLIVE

- Schützt die Leber
- Beugt Herzinfarkt vor
- Kräftigt das Immunsystem
- Idealer Ersatz für Butter in der Pfanne
- Lindert entzündungsbedingte Schmerzen
- Schenkt eine zarte, gesunde und geschmeidige Haut
- Senkt den Cholesterinspiegel, beugt Tumorwachstum vor
- Wirkt verjüngend und stoppt vorzeitige Alterungsprozesse
- Ideal bei Diabetes, Übergewicht, Bluthochdruck und Depressionen

PAPRIKA

- Beugt Migräne vor
- Verbessert die Sehkraft
- Kräftigt Herz und Kreislauf
- Verbessert die Konzentrationsfähigkeit
- Lindert Krampfadern, Venenleiden und Hämorrhoiden
- Erhöht die Drüsenaktivität für mehr Dynamik und Libido
- Stärkt Schleimhäute im Körper und festigt das Bindegewebe
- Hilft bei Durchblutungsstörungen, Zahnschmerzen, Arthrose
- Aktiviert Zell- und Eiweißstoffwechsel, fördert Fettverbrennung

PILZE

- Entgiften die Leber
- Lindern Schmerzen
- Stärken das Immunsystem
- Fördern eine gesunde Verdauung
- Beugen Krebs und Arthritis vor
- Versorgen den Körper mit Kalzium und Magnesium
- Super Fleischersatz mit viel Eiweiß, Eisen, Vitamin A und B
- Reich an Vitamin D (wichtig in den sonnenarmen Wintermonaten)
- Stärken Knochen und Knorpel, liefern Zink, Selen &Mangan

RADICCHIO

- Blutreiniger
- Lindert Übelkeit
- Regt den Appetit an
- Stärkt das Immunsystem
- Hilft der Leber, Giftstoffe abzubauen
- Wirkt heilend gegen Krämpfe und Blähungen
- Bekämpft Viren, Pilze, Parasiten und Bakterien
- Regt Magen und Darm an, verbessert die Verdauung
- Reich an Vitamin C und Top-Mineralstoffen für starke Knochen

RADIESCHEN

- Reduziert Diabetesrisiko
- Senkt Cholesterinspiegel
- Aktiviert Nerven und Gehirn
- Tötet Bakterien und Pilze in Magen und Darm
- Beugt Gallen-, Nieren- und Blasensteinen vor
- Hilft bei Blähungen, Durchfall und Verstopfung
- Liefert Nährstoffe für Blutbildung und Zellwachstum
- Desinfiziert und löst Schleim bei Schnupfen und Husten
- Reich an Senfölen, wirkt antibiotisch, krebsfeindlich und entgiftend

REIS

- Entlastet das Herz
- Natürliches Schmerzmittel
- Fördert eine gesunde Verdauung
- Wirkt basisch, entwässert und entsäuert
- Reich an Eiweiß, Vitamin E und B-Vitaminen
- Sättigt, spendet Energie, kalorien- und fettarm
- Verringert Risiko für Diabetes, senkt zu hohen Blutdruck
- Quelle für Kalium, Magnesium, Phosphor, Eisen und Kupfer
- Antikes Glücks- und Fruchtbarkeitssymbol: Reisregen bei Hochzeiten

ROSENKOHL

- Stärkt das Immunsystem
- Hilft bei Arthritis, Asthma und sogar Autismus
- Stärkt Bindegewebe, kurbelt Zellwachstum an
- Verbessert Stimmungslage, Vitalität und Lebenskraft
- Bringt Glanz ins Haar und macht die Haut geschmeidig
- Hilft beim Abspecken, entwässert und beseitigt Verstopfung
- Aktiviert Blutbildung und Sauerstoffversorgung im Körper
- Folsäurespender (Gute-Laune-Vitamin B), super für Kinder
- Lindert Müdigkeit, bringt geistige Frische und Konzentrationsfähigkeit

ROTE BETE

- Baut Bindegewebe auf
- Hebt Stimmungslage, reich an Folsäuren
- Verjüngt, repariert Zellkerne, fördert Zellwachstum
- Sorgt für mehr Magensäure, verbessert Eiweißverwertung
- Festigt Haut, stärkt Herz und Gefäßwände, kräftigt Knochen
- Bringt Glanz und Geschmeidigkeit in Haut, Haare und Nägel
- Entgiftet Darm, entwässert und entsäuert
- Entfernt Metalle und Giftstoffe, speziell im Gehirn
- Aktiviert Produktion roter Blutkörperchen, versorgt Zellen mit Sauerstoff

ROTKOHL

- Belebt das Gehirn
- Entwässert und macht schlank
- Sorgt für eine bessere Stimmungslage
- Wirkt verjüngend auf den ganzen Körper
- Kurbelt Zellenergie und Zellwachstum an
- Beseitigt Verstopfung, entgiftet den Darm
- Stärkt das Immunsystem und senkt den Blutdruck
- Aktiviert die Schilddrüse und schützt die Thymusdrüse
- Fördert Spermienbildung, verbessert Libido und männliche Potenz

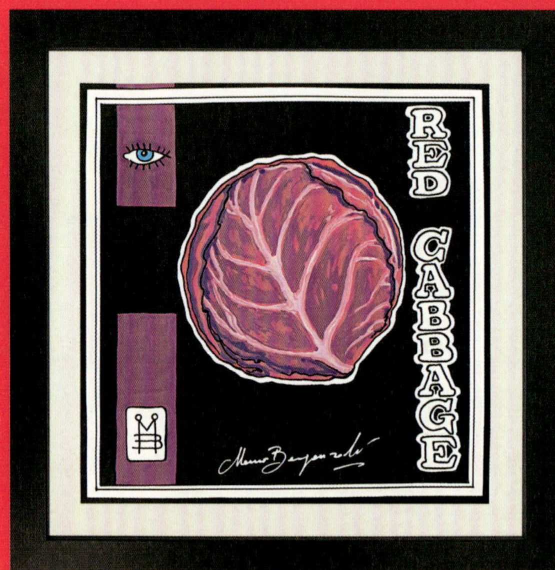

SALAT

- Kräftigt das Herz
- Reich an Magnesium
- Stärkt das Immunsystem
- Erhöht die Muskelleistung
- Macht geistig frisch und stärkt die Nerven
- Hilft bei Müdigkeit und Antriebsschwäche
- Verbessert die Eiweißverwertung im Körper
- Panzert Zellen gegen Zellschädlinge wie freie Radikale
- Reich an Magnesium, Eisen und Folsäure, arm an Kalorien

SAUERKRAUT

- Reich an wertvollem Vitamin B12
- Aktiviert den Gehirn- und Nervenstoffwechsel
- Wirkt verjüngend und stimuliert Zellwachstum
- Liefert lebendige probiotische Milchsäurebakterien
- Kräftigt die Muskeln, hilft beim Bau roter Blutkörperchen
- Stärkt die Knochen und verbessert die Eiweißverwertung
- Reguliert den Fettstoffwechsel und senkt Cholesterinwerte
- Stärkt Immunsystem, kurbelt Eisenstoffwechsel an, vitalisiert
- Hilft gegen Stress, wirkt mental erfrischend und euphorisierend

SELLERIE

- Entschlackt, hilft beim Abspecken
- Sorgt für gesunde Haut, Augen und Haare
- Kräftigt Nerven und Gehirn, lindert Nervosität
- Altes ägyptisches Heilmittel gegen Gicht und Rheuma
- Aktiviert Kohlenhydratstoffwechsel, wirkt harntreibend
- Desinfiziert, entgiftet Schleimhäute im Mund bei Erkältung
- Reinigt Magen und Darm, hilft bei Durchfall und Blähungen
- Ideales Vitamin-B-Paket, inklusive dem wertvollen Vitamin B12
- Stimuliert Produktion von Magensäure, verbessert Eiweißverwertung

SOJA

- Entfettet die Leber
- Hilft bei Sehschwäche
- Stimuliert ein gesundes Liebesleben
- Beruhigt die Nerven und lindert Angstgefühle
- Hilft gegen Müdigkeit, Lustlosigkeit und Depression
- Hilft bei Gedächtnisschwäche und Konzentrationsmangel
- Verjüngt, kurbelt Zellwachstum an, hemmt Entzündungen
- Macht schlank, entwässert und baut neues Bindegewebe auf
- Fördert Kalzium- und Eisenverwertung, aktiviert Eiweißstoffwechsel

SPARGEL

- Stimuliert die Potenz und gesunde Libido
- Verbessert Blutbildung und Stoffwechsel
- Hilft bei Sehschwäche und Nachtblindheit
- Aktiviert Glückshormone und verleiht guten Schlaf
- Vitamin-E-Bombe, verjüngt und stoppt Alterungsprozesse
- Stärkt die Nerven und das Gedächtnis
- Entschlackt und entsäuert, kräftigt die Schleimhäute
- Verjüngt die Haut, Haare, Zellen und das Bindegewebe
- In der indischen Medizin bekannt als „Heiler von hundert Krankheiten“

SPINAT

- Hebt die Stimmung
- Kurbelt den Bau vitaler Hormone an
- Hilft bei Sehschwäche und Nachtblindheit
- Erfrischt das Gehirn und beruhigt die Nerven
- Magnesiumbombe für schöne Haut, Haare und Nägel
- Aktiviert Knochenbildung, stärkt Zähne, Muskeln, und Herz
- Hebt den Blutzuckerspiegel, vertreibt Müdigkeit und Depression
- Beseitigt Darmträgheit und Verstopfung
- Star der Renaissance-Küche, Lieblingsgemüse von Caterina de Medici

TOMATE

- Kräftigt das Herz
- Lindert Kopfschmerzen
- Belebt Gehirn und Nerven
- Verjüngt die Zellen, gut für die Haut
- Hebt die Stimmung, fördert gesunden Schlaf
- Enthält krebshemmende Inhaltsstoffe und hilft bei Herz-Kreislauf-Beschwerden
- Kurbelt die Hormonbildung an
- Reich an Biotin für gesunde Haut, Haare, Nägel und Blutzuckerspiegel
- Lindert Infektionen, Tomatenöl kuriert Brandwunden

ZUCCHINI

• Stärkt das Immunsystem
• Kräftigt Muskeln und Herz
• Aktiviert den Zellstoffwechsel
• Wirkt beruhigend auf die Nerven
• Macht schlank ohne Nährstoffverlust
• Entwässert, entschlackt und entsäuert
• Entgiftet den Darm und bindet Fettstoffe
• Steigert die Gehirnleistung und Konzentrationsfähigkeit
• Beseitigt Verstopfung und kräftigt alle Schleimhäute im Körper

ZWIEBEL

• Stimuliert die Libido
• Wirkt appetitanregend
• Senkt zu hohen Blutdruck
• Lindert Nieren- und Blasenbeschwerden
• Beugt Infektionen und Arteriosklerose vor
• Desinfiziert Nasen-, Mund- und Rachenraum
• Hilft bei Durchblutungsstörungen (kalte Füße)
• Hilft bei Krampfadern und Venenleiden, kräftigt Herz und Kreislauf
• Zwiebelsaft und Sonne als antikes Heilmittel gegen Haarausfall, graue Haare

BASILIKUM

• Baut Stress ab
• Hilft bei Migräne
• Fördert guten Schlaf
• Macht glücklich, lindert Depressionen
• Lindert Entzündungen und Gelenkschmerzen
• Beruhigt den Magen und beseitigt Mundgeruch
• Hilft bei Grippe, Halsschmerzen und Heiserkeit
• Reich an Vitamin K, Kalzium, Eisen und Betacarotin
• Beruhigt Menstruations- und Wechseljahrsbeschwerden

LAVENDEL

- Senkt Fieber
- Wirkt beruhigend
- Hilft gegen Kopfweh
- Löst Krämpfe im Körper
- Natürliches Schmerzmittel
- Lindert Magen-Darm-Probleme
- Hilft bei Hautkrankheiten und Entzündungen
- Wirkt heilend bei Erkältungen, Husten und Asthma
- Entspannt Körper und Geist, lindert Stress und Nervosität

MINZE

- Entspannt die Muskeln
- Lindert Kopfschmerzen
- Wirkt beruhigend auf die Nerven
- Erfrischt und befreit die Atemwege
- Hilft bei unregelmäßigen Menstruationszyklen
- Ideales Heilmittel für Magen- und Darmprobleme
- Pfefferminzöl wirkt antiviral bei Herpesbläschen
- Magisches Mundwasser zur Desinfizierung von Entzündungen
- Als Infusion ideales Gesichtsreinigungsmittel gegen fettige Haut

ROSMARIN

- Stillt Husten
- Entgiftet die Leber
- Aktiviert das Immunsystem
- Schützt vor Alzheimer und Demenz
- Lindert Schmerzen, vor allem Bauchkrämpfe
- Antiseptisches Mittel gegen schädliche Keime
- Fördert die Verdauung, regt Appetit und Kreislauf an
- Beugt Arteriosklerose, Rheuma und Krebs vor
- Beliebt bei den alten Griechen, steigert Leistungsfähigkeit des Gehirns

SALBEI

- Steigert geistige Fähigkeiten
- Reguliert den Blutzuckerspiegel
- Stimuliert eine gesunde Verdauung
- Lindert Menstruationsbeschwerden
- Hebt die Stimmung und hilft gegen Depressionen
- Natürliches Deodorant, wirkt schweißhemmend
- Antike Heilpflanze gegen Atemwegserkrankungen
- Hilft im heißen Bad gegen rheumatische Schmerzen
- Um den Finger gewickelt, super Zahnbürste und Zahncreme zugleich

THYMIAN

- Löst Verkrampfungen
- Natürliches Antibiotikum
- Löst Schleim im ganzen Körper
- Hält geistig fit bis ins hohe Alter
- Heilt Husten, Heiserkeit und Schnupfen
- Wirkt antibakteriell, schützt vor Darmkrebs
- Lindert Verdauungsprobleme wie Blähungen und Durchfall
- Ideales Schmerzmittel bei Menstruationskrämpfen
- Römische Legionäre badeten darin als Kampf-Motivationssteigerung

CASHEWKERNE

- Energielieferant
- Ideale Nervennahrung
- Kann die Stimmung heben
- Kalorienarmer als andere Nüsse
- Ideale Proteinquelle mit hohem Eiweißgehalt
- Beugt Tumor- und Viruserkrankungen vor
- Senkt den Cholesterinspiegel und schützt das Herz
- Quelle für Vitamine B, E und K sowie wertvolle Mineralstoffe
- Aktiviert das Glückshormon Serotonin (reich an L-Tryptophan)

CHIA (SAMEN)

- Belebt Stoffwechsel und Immunsystem
- Super Quelle für Kalzium und Magnesium
- Ballaststoffbombe, bringt Darm in Schwung
- Reguliert Blutzuckerspiegel, hilft gegen Diabetes
- Reich an Antioxidantien, schützt die Zellen, baut Fett ab
- Reich an Omega-3-Fettsäuren, Proteinen, Eisen und Zink
- Voller Vitamin A, E und B-Vitaminen (vor allem Vitamin B3)
- Wirkt blutverdünnend, blutdrucksenkend und entgiftend
- Grundnahrungs- und Heilmittel der alten Maya, Chia bedeutet „Kraft“

HASELNUSS

- Lindert Hustenreiz
- Hilft gegen Impotenz
- Beugt Gallensteinen vor
- Schützt vor Pankreaskrebs
- Reich an Eiweiß und Vitamin E
- Voller Omega-6-Fette, schützt das Herz
- Natürliches Brainfood, erfrischt Geist und macht Kopf klar
- Erhöht die Überlebenschancen bei Männern mit Prostatakrebs
- Antikes Haarwuchsmittel, als Creme auf die Kopfhaut einmassiert

KOKOSNUSS

- Schützt das Herz
- Hilft beim Abnehmen
- Heilmittel gegen Arteriosklerose
- Entgiftet und entsäuert den Körper
- Belebt die Schilddrüse und wirkt antibakteriell
- Wirkt gegen Viren, Herpes, Bakterien und Pilze
- Lindert Krebserkrankungen, Demenz und Alzheimer
- Beliebtes magisches Grundnahrungsmittel in den Tropen
- Schneller Energielieferant, leicht verdaulich und kalorienarm

MANDEL

- Schützt vor Diabetes
- Deckt den Proteinbedarf im Körper
- Gehört zu den basischen Lebensmitteln
- Stärkt die Nerven und hilft gegen Stress
- Liefert große Mengen an Vitamin B und E
- Senkt den Cholesterinspiegel und zu hohen Blutdruck
- Unterstützt das Immunsystem, reguliert die Darmflora
- Stärkt die Knochen, reich an Magnesium, Kalzium und Kupfer
- Macht schlank, hilft bei Übergewicht, reich an guten Fettsäuren

PEKANNUSS

- Vitamin-E-Quelle
- Schützt die Körperzellen
- Reich an gesunden Fetten
- Senkt das Risiko für Diabetes
- Super pflanzliche Proteinquelle
- Liefert viel Folsäure und B-Vitamine
- Beugt Wachstum von Gallensteinen vor
- Schützt vor Pankreaskrebs, lindert das Darmkrebs-Risiko
- Erhöht die Überlebenschance von Männern mit Prostatakrebs

PINIENKERNE

- Reduziert Stress
- Stimuliert den Stoffwechsel
- Gesund für Haut und Knochen
- Verbessert die Funktion der Schleimhäute
- Reich an B-Vitaminen, Vitamin A und Niacin
- Unterstützt gesunde Muskel- und Nervenfunktion
- Reich an Mineralstoffen, vor allem Magnesium und Phosphor
- Wandelt Proteine, Kohlenhydrate und Fette in nutzbare Energie
- Reich an Selen, schützt Zellen vor gefährlichen freien Radikalen

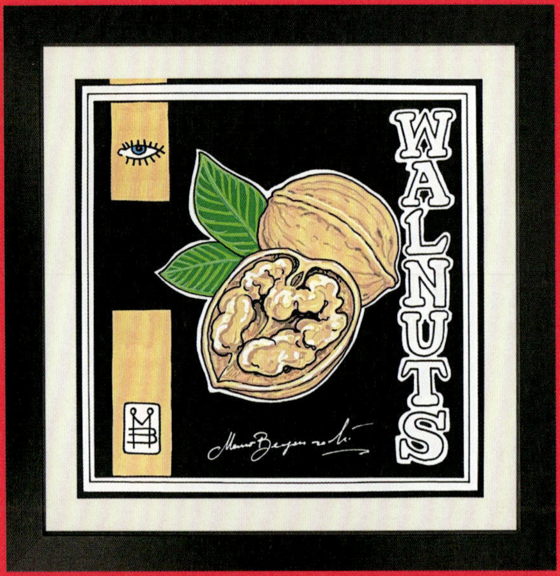

WALNUSS

- Senkt zu hohen Blutdruck
- Schützt Herz und Gefäße
- Enthält krebshemmende Inhaltsstoffe
- Sättigt und spendet wertvolle Energie
- Beugt der Darmkrankheit Colitis ulcerosa vor
- Hemmt Darmkrebs und reduziert Tumorwachstum
- Reguliert Darmflora und verbessert die Verdauung
- Bringt das Gehirn auf Trab, wirkt präventiv gegen Alzheimer
- Reich an Omega-3-Fettsäuren, Magnesium, Antioxidantien, Vitamin B und E

AHORNSIRUP

- 100 % reines Naturprodukt
- Wirkt entzündungshemmend
- Reich an antiseptischen Eigenschaften
- Weniger Kalorien als Zucker und Honig
- Quelle für Antioxidantien, gut für die Haut
- Stärkt Antibiotika-Wirkung, wirkt selbst leicht antibiotisch
- Schlankheitskur, kombiniert mit Zitronensaft, Wasser und Chili
- Reich an Mineralstoffen, Kalzium, Kalium, Magnesium und Eisen

CHILI

- Lindert Migräne
- Natürliches Schmerzmittel
- Verbessert die Herzgesundheit
- Schützt und unterstützt das Herz
- Bekämpft Krebszellen und Geschwüre
- Macht schlank und lässt die Pfunde schmelzen
- Hilft bei Arthritis, Blasenschwäche und Bluthochdruck
- Trotz ihrer Schärfe kühlt die pikante Schote den Körper ab
- Steigert das Glücksempfinden und verleiht leichte Euphorie

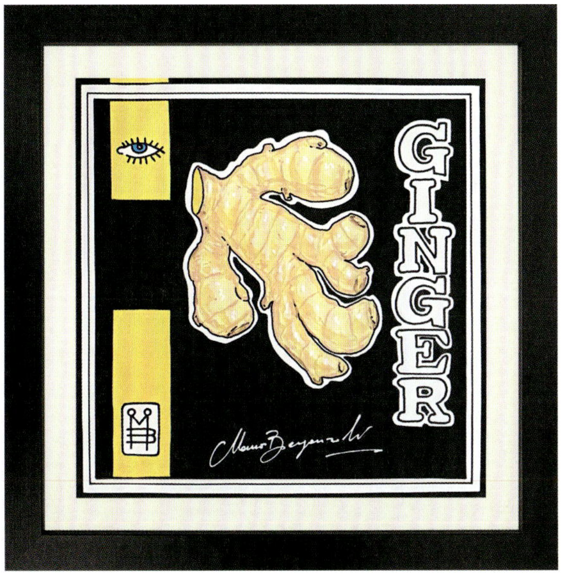

INGWER

• Belebt die Stimmung
• Enthält krebshemmende Inhaltsstoffe
• Natürliches Schmerzmittel, lindert Migräne
• Hilft bei Fieber, Grippe und chronischem Husten
• Antikes Heilmittel gegen Haarausfall und Schuppen
• Erfrischt Geist und Körper, Heilmittel gegen Demenz
• Lindert Arthritis und Arthrose, verbessert die Durchblutung
• Heilt Magen-Darm-Probleme, beugt Übelkeit und Erbrechen vor
• Indische Legende: Er gibt die Kraft, einen Tiger zu zähmen und zu reiten

KAFFEE

• Hebt die Stimmung
• Natürliches Schmerzmittel
• Weckt den Körper und den Geist
• Wirkt vorbeugend gegen Diabetes
• Beugt der Parkinsonkrankheit vor
• Reich an Antioxidantien und Magnesium
• Verringert das Risiko einer Alzheimererkrankung
• Stimuliert die Sinnlichkeit, regt den Organismus an
• Hautschönheitsmittel, hilft als Kopfhautbehandlung gegen Haarausfall

KAKAO

• Macht glücklich
• Beruhigt die Nerven
• Bringt mehr Sauerstoff ins Gehirn
• Steigert die kognitive Leistungsfähigkeit
• Gut für das ganze Herz-Kreislauf-System
• Reich an starken Antioxidantien (Flavanole)
• Verbessert die Fließgeschwindigkeit des Blutes
• Schenkt dem Körper Kraft und wirkt als „Aphrodisiakum“
• Antikes Heilmittel zur Verjüngung und gegen Depression

KÜMMEL

- Reduziert hohen Cholesterinwert
- Stabilisiert die Insulinwerte im Köper
- Schwarzkümmelöl schreckt Zecken ab
- Verbessert das Gedächtnis, macht fröhlich
- Enthält hochwertige Fettsäuren und Proteine
- Beugt Darmkrebs vor, wirkt entzündungshemmend
- Perfektes Mittel bei Blähungen und Magnesiummangel
- Ballaststoffreich, stimuliert die Verdauung, entgiftet den Darm
- Kümmeltee hilft Säuglingen und Kleinkindern bei Verdauungsstörungen

KURKUMA

- Lindert Arthrose
- Entgiftet den Körper
- Verbessert das Gedächtnis
- Hemmt Entzündungen, wirkt antioxidativ
- Lindert Stress, Angstgefühle und Depressionen
- Reich an Vitaminen, Mineralien, vor allem Eisen
- Hilft bei der Abwehr von Viren, Herpes und Grippe
- Magische gesunde Lebensmittelfarbe für Kuchen, Eis und Cremes
- Senkt Cholesterinspiegel, beugt Diabetes und Nervenerkrankungen vor

MUSKAT

- Schmerzlindernd
- Regt die Durchblutung an
- Wirkt entzündungshemmend
- Macht euphorisch und glücklich
- Fördert eine gesunde Verdauung
- Hilft gegen Erschöpfungszustände
- Öffnet das Herz und reinigt den Geist
- Heilmittel gegen Stress und Schlafmangel
- Sparsam verwenden, sonst ist die Wirkung zu berauschend

SAFRAN

- Entgiftet die Leber
- Schützt gegen Hautkrebs
- Lindert Husten und Erkältung
- Hilft bei Zahnfleischentzündungen
- Lindert Menstruationsbeschwerden
- Sanftes Schlankheitsmittel, hilft beim Abnehmen
- Natürliches Antidepressivum, wirksam gegen Alzheimer
- Magisches Potenzmittel für Männer, bringt Libido in Schwung
- Hilft den Augen (grüner Star, Makuladegeneration), verbessert Sehfähigkeit

VANILLE

- Steigert die Liebeslust
- Lindert Heißhunger, macht schlank
- Magische Frucht, wächst aus der Orchidee
- Hilft bei Übelkeit, Schwangerschaftserbrechen
- Schützt die DNA unserer Zellen
- Macht glücklich, beruhigt, hilft bei Angstgefühlen
- Belebt den Organismus
- Beliebtes erotisches Parfum bei den Indianerinnen im alten Mexiko
- Hilfreich bei Pilzbefall, Neurodermitis und Ekzemen

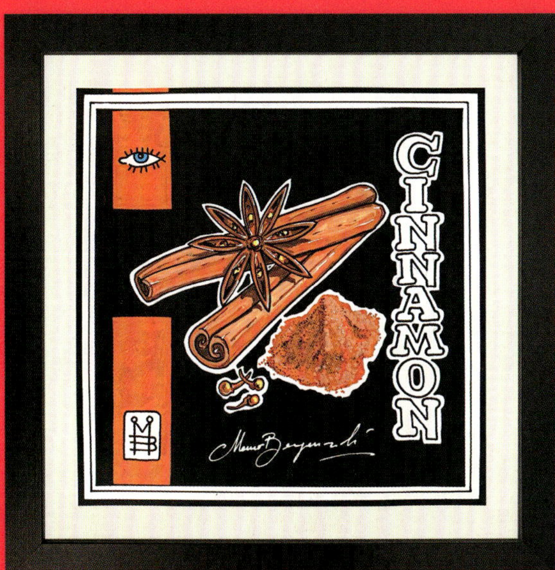

ZIMT

- Hilft gegen Diabetes
- Frischt den Atem auf
- Reduziert hohes Cholesterin
- Kann Abwehrmechanismen des Körpers gegen Krebszellen unterstützen
- Reguliert den Blutzuckerspiegel
- Im alten Ägypten einst wertvoller als Gold
- Fördert Fettabbau, hilft beim Abnehmen
- Bringt das Gehirn in Schwung, kurbelt den Stoffwechsel an
- Infektionsheilmittel gegen Fußpilz und Magen-Darm-Infekte

Der Maestro und die Magic Contessa

Heiligabend, 23:00 Uhr, 1965, Mailand, Italien
Giuseppina Bergonzoli steht hochschwanger am Küchenherd und rührt ihr Ragout. Aus dem braunen Transistorradio rufen die Beatles: „Help! I need somebody, help! Not just anybody.“ Eine Stunde später, pünktlich um Mitternacht, erblickt unser Maestro zum ersten Mal das Licht der Welt.

Mauros Kindheit ist schwarz-weiß wie die John-Wayne-Filme im Fernseher seines Vaters. Der Graveur setzt seinen schwarz gelockten Cherub früh zur Arbeit im Studio ein. Der Junge lernt die präzise Linienführung schnell. Fehler sind verboten, die harte Hand Teil der damaligen Erziehung.

Das Geld ist immer knapp. Die Mutter putzt Häuser, bald schreit eine kleine Schwester, der Vater spricht wenig. Die ganze Familie schläft in einem Zimmer. Bergonzoli senior malt dem Sohn eine Mickey Mouse und einen Donald Duck an die Wand über sein Bett. Ein Geburtstagsgeschenk. Das Leben bekommt Farbe und Humor. Von nun an malt der kleine Mauro Tag und Nacht fröhliche Bilder. Schularbeit interessiert ihn nicht. Die Prügel dafür steckt er weg. Er malt weiter. Eine Lehrerin erkennt sein Talent. Sie überzeugt die Eltern, ihn auf die Kunstschule zu schicken. Die ersten Comics und Zeichnungen verkaufen sich sofort. Seine Karriere beginnt.
Er ist 14 Jahre alt.

12. April 1979, über den Alpen, Schloss Babenhausen, Bayern
Meine wunderschöne, hochschwangere Mutter setzt gelbweiße Rosen in vollgesaugten grünen Steckschaum. Aus dem kleinen Radio zwischen eleganten Blumenbouquets schmettert Gloria Gaynor „I will survive!“. Ich habe es eilig und gebe Vollgas. Im Krankenhaus Memmingen füllen sich meine Lungen zum ersten Mal mit schwäbischer Landluft. Die Uhr steht auf kurz vor Mitternacht, kurz vor Tagesanbruch von Karfreitag, dem 13.

Meine Kindheit ist das Gegenteil von Mauros. Ich erlebe Licht, Liebe, Großzügigkeit und Wärme. Eine große Familie, viele Freunde und aufregende Reisen um die Welt sind meine Realität. Meine Passion: die Pferde, das Kochen, die Kunst und die Sprachen. In Augsburg gehe ich zur Schule. Meinen ersten Job finde ich im Auktionshaus Neumeister in München. Umringt von wunderschönen Meisterwerken fühle ich mich am wohlsten. Danach zieht es mich in die USA. Ich studiere in Princeton und Washington, D. C. Den Universitätsabschluss mache ich an der Georgetown University in Kunstgeschichte, Italienisch und Spanisch. Meine Spezialität: die alten Meister der Renaissance und holländischen Kunst. Trotz internationaler Eindrücke bleibt die alte Schule meinem Herzen immer am nächsten.

Moderne Kunst zaubert zur gleichen Zeit unser Maestro im Modemekka Mailand. Seine „Contemporary Comics“, poppigen Animationen und preisgekrönten Werbefilme sind mittlerweile bei italienischen und internationalen Firmen heiß begehrt. Für Giganten wie Ferrero dreht er von Miami bis Barcelona. Dank seiner kreativen Arbeit sind viele Produkte zu Verkaufsrennern geworden. Die meisten davon hält er jedoch von seinen eigenen drei jungen Töchtern fern. Er kennt die Zutaten genau. Zum ersten Mal lehnt er es ab, weiterhin für Nutella Werbespots zu drehen. Ihm wird ein kleines Vermögen geboten. Er bleibt standhaft. Seine Kunst, Kindern Zucker und palmölreiche Produkte als gesund anzupreisen, findet er moralisch schwierig. Ein Umbruch kommt. Er kehrt der rein profitorientierten kommerziellen Welt den Rücken und konzentriert sich komplett auf die Produktion seiner eigenen Kunst. Er beginnt auszustellen. Ein Händler entdeckt seine Werke und rückt ihn ins Rampenlicht. Galeristen und Sammler folgen. Die internationale Anerkennung wächst. Seine zweite Ehe geht zu Ende.

Zurück in Europa nach stimulierenden amerikanischen Jahren, arbeite ich als Journalistin für die Augsburger Allgemeine und genieße wieder ein Stück Heimat. Magische Kochkünste lerne ich bei Hans Haas im Tantris, München. Malerei- und Fotografiekurse bereichern mich in der Internationalen Akademie für Bildende Kunst in Salzburg. Mein Kulturspeicher ist nun frisch aufgeladen. Schon zieht es mich im gestreckten Galopp ins nächste Lebenskapitel:

Südamerika
Der Verliebtheit wegen, jedoch für den falschen Mann verlasse ich erneut mein magisches „Schwabaländle“. Ich baue alle Zelte ab und starte ein neues Leben in Buenos Aires. Die Ehe zerbricht. Die Zuneigung für Argentinien und später Uruguay bleibt. Der Kontinent ist eine Schatztruhe. Die Menschen verführerisch. Die Natur umwerfend. Die Korruption ein Desaster. Ich arbeite für die Deutsch-Argentinische Handelskammer, in Immobilien, in der Hotellerie für die Faena Group, als PR-Agentin und als Künstlerin. Langweilig wird es nie. Gefährlich täglich. Ich nehme alles in Kauf und akzeptiere meine Lebenserfahrungen als Bootcamp für Frauen.

Auf der Puerto-Madero-Terrasse der italienischen Botschaft baggert mich eines Abends ein Art Dealer aus Portofino an. Er interessiert mich nicht. Der dicke Kunstkatalog, den er mir schenkt, schon. Vollbusige, blauäugige Schönheiten strecken ihre Gazellenbeine mit sexy Schuhen über alle Seiten. Coole Autos, City-Skylines, exotische Tiere, Polo, Pool und Beach-Partys. Eine Pop-Art-Explosion des Lebens sprüht aus jedem Gemälde.

„The artist is here from Milano for his museum exhibition!“

Prahlend benutzt der alte Händler seinen Künstler als Köder für meine Zusage zum Dinner am nächsten Abend. Es funktioniert. Ich bin neugierig – wer hat diese magischen Bilder gemalt? Gegenwartskunst hatte mich bis dahin nur vereinzelt begeistert. Revolutionäre Pinselstriche von Hans Hals und Rembrandt sind für mich modern. Diamantenbesetzte Totenköpfe oder aufgeblasene Luftballon-Skulpturen bewegen mich weniger.
Ich erscheine am Tag darauf in Recoleta zum geplanten Treffen. Der bestgekleidete Mann im ganzen Restaurant begrüßt mich, sich verbeugend.

„Piacere, Mauro Bergonzoli.“

Seine Hand fällt in meine wie das perfekte Puzzleteil. Fröhliche Schokoladenaugen, umringt von Lachfalten mehrerer Leben, dringen tief in mich ein. Mein Herz wird warm, sein Grinsen größer. Er zieht mir den Stuhl neben sich am Tisch heraus.

„Prego, Contessa.“

Ich fühle mich zu Hause.

Die magische Reise in unsere Welt der puren Passion, Kunst des Lebens und Liebe füreinander beginnt. Was nach diesem Abend passiert, ist sichtbar auf Bergonzoli-Kunstwerken seit April 2008. Saftige literarische Details dazu gibt’s in meinem nächsten Buch.

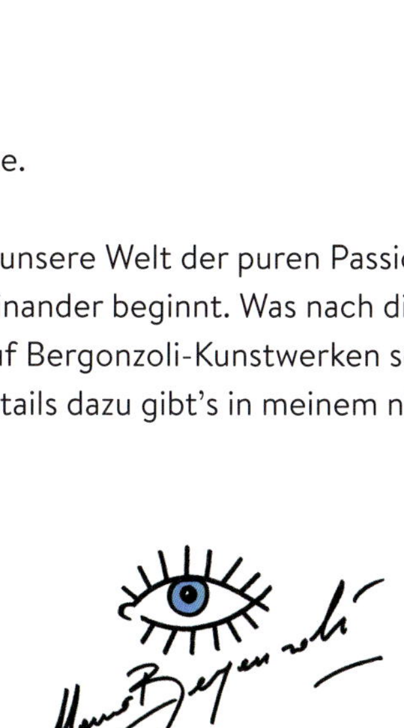

ESPRESSO
Amore

Country Atelier

Versteckt im schwäbischen Unterallgäu, liegt unser buntes "Art Paradies". Wie ein Wasserloch in der Serengeti zieht es passionierte Bergonzoli-Sammler aus der ganzen Welt an. Immer mehr Kunstliebhaber strömen in unser kreatives Heiligtum, um ihren Durst nach frischen, energieaufladenden Werken zu löschen. Sie hungern buchstäblich nach ästhetischer Erleuchtung für ihre Wände, Hallen und Gärten.

Mein Maestro pflegt unseren prachtvollen Atelierpark mit viel Liebe. Jährlich bereichert er ihn mit neuen Pflanzen, Früchten und Gemüsesorten für meine magische Küche. Aus jeder Jahreszeit schöpft er dort Inspiration für seine beliebten Bilder und ich für meine Rezepte.
Unter unserer majestätischen Trauerweide streckt sich eine echte grüne Monet-Brücke. Sie ragt über dem magischen Wasserlilienteich. Bunte Schmetterlinge, duftende Blumen, zwitschernde Vögel und heimische Tiere leben vor den Atelierfenstern und erscheinen wie aus Zauberhand auf Mauros Leinwänden.

Ich nenne unser Country Atelier das bayerische „Giverny". Eine Oase, in der ich koche und schreibe, ein Museum, in dem Mauro konzipiert und erschafft. Hier besuchen ihn begeisterte Bergonzoli-Fans, die verstehen, was DOLCE VITA bedeutet. Sie schätzen ihre Freundschaft mit uns, lassen sich zutiefst inspirieren, verlieben sich in Meistwerke für ihr Home und genießen meine köstlichen „Magic Food"-Rezepte.

AUSSTELLUNGEN

2022 „Mauro Bergonzoli“ – Schaezlerpalais Kunstsammlungen & Museen – Augsburg, Deutschland
2021 Kunst & Musik mit Starpianist Sebastian Knauer - Country Atelier - Kirchheim i. Schwaben
2020 „AMORE“ - Art & Coffee Ausstellung - DINZLER Kaffeerösterei – Irschenberg, Deutschland
2019 „Art Party“ - Art & Coffee Ausstellung - DINZLER Kaffeerösterei – Irschenberg, Deutschland
2019 58. Biennale di Venezia, Belmond Hotel Cipriani – Venedig, Italien
2018 „Art & Coffee“ - Ausstellung - DINZLER Kaffeerösterei – Irschenberg, Deutschland
2017 Ausstellung - Mauro Bergonzoli, Awethentic Gallery – Hong Kong, China
2016 „Winterzauber“ Ausstellung für Hubert Burda Media – Offenburg, Deutschland
2016 „from Picasso&Miro‘ to contemporary artists“, Museum Site Oud Sint-Jan di Bruges, Belgien
2016 Bergonzoli in Bavaria – Bayerisches Nationalmuseum – München, Deutschland
2016 Kunst & Musik mit Gerhard Polt, Country Atelier – Kirchheim i. Schwaben, Deutschland
2016 Creative Art and Food, Terra Madre, Museo MIIT – Torino, Italien
2016 „Jakob in Venedig“ - Fürst Fugger Privatbank – Augsburg, Deutschland
2015 “Country Life” - Country Atelier, Kirchheim i. Schwaben, Deutschland
2015 Jaguar White Nights – Tegernsee, Deutschland
2014 „Bergonzoli in Bavaria“ – Bayerisches Nationalmuseum – München, Deutschland
2014 „Mozart“ – Ausstellung Gut Bannacker – Augsburg, Deutschland
2014 Mauro Bergonzoli – selected works – Hubert Burda Media – München, Deutschland
2014 “Magic Bunnies” – Ausstellung - Egerner Höfe – Rottach Egern, Deutschland
2013 Pferd International – München, Deutschland
2012 „Göttinnen” – De Martino Gallery – München, Deutschland
2011 “Magic Kisses” – for Wrigley’s Spearmint, Galerie Einstein – Berlin, Deutschland
2011 “Moving Images”-Scheublein Fine Art Gallery – St. Moritz, Schweiz
2011 “The Magic Trip“-Galerie Terminus – München, Deutschland
2010 “Finissage” – Fürst Fugger Privatbank – Augsburg, Deutschland
2009 „Lebendige und Moderne Kunst“ – Fürst Fugger Privatbank – Augsburg Deutschland
2008 Galleria A.S. Contemporanea – Forli, Italien
2008 Museo Mim, San Pietro – Cerro, Italien
2008 Villa Arconati – Mailand, Italien
2008 Museo de Arte Tigre – Buenos Aires, Argentinien
2007 Galleria A. S. – Mailand, Italien
2007 Venice Art Fair – Forli, Italien
2007 Autoria Art Gallery – Buenos Aires, Argentinien
2007 52nd Biennale di Venezia – Venedig, Italien
2006 Galleria Bocca – Mailand, Italien
2006 Galleria A.S. Contemporanea – Forli, Italien
2006 Museo del Parco – Portofino, Italien
2004 Galleria A.S. – Mailand, Italien
2004 Galleria Studio – Buenos Aires, Argentinien
2003 Wilson Art Gallery – Montevideo, Uruguay
2000 Galleria Studio, Buenos Aires, Argentina

GRUPPEN-AUSSTELLUNGEN

2019 "Angeli e Artisti" Exhibition – Siena, Italien
2019 "Yoko Ono - Peace is Power"
– Museum der bildenden Künste – Leipzig, Deutschland
2018 "Angeli e Artisti" Exhibition – Monza, Italien
2017 "Women in Focus"- Awethentic Gallery - Hongkong
2013 "Lebensmotor. Was uns antreibt"
– Mercedes Benz Headquarters – München, Deutschland
2013 Domaine des Arts – St. Tropez, Frankreich
2011 „Wunderkunst Vernissage" Wunderkunst, Art de Vivre – München, Deutschland
2011 „Polo + Art" – Berenberg Polo Derby – Flo Peters Gallery – Hamburg, Deutschland
2010 Omeoart, Boiron - Homeopathic Medicine – Lyon, Frankreich

KUNSTMESSEN

2019 58th Biennale di Venezia – Venedig, Italien
2017 Art Basel Hong Kong, live painting performance
- Awethentic Gallery, – Hongkong, China
2012 "Grafik 12" Art FAIR – Zürich, Schweiz
2011 Art Miami, Art FAIR – Miami, USA
2011 Art Fair 21 – Köln, Deutschland
2007 52nd Biennale di Venezia, live performance
- 100 days of Joseph Beuys – Venedig, Italien
2007 Venice Art Fair – Forli, Italien

ANDERE PROJEKTE

2021 "Mrs. Glock" – Neo Pop Kunstillustrationen für Kathrin Glock, Österreich
2021 Bergonzoli Kunst Wandmalerei für vegane Käsefirma Simply V, Oberreute, Bayern, Deutschland
2021 Künstler helfen Künstlern-Kunstnothilfe
– Art on Helene Galwas, München, Deutschland
2020 Kunst nach Maß – Bergonzoli on Fashion
– Maßkunst, München, Deutschland
2020 What about Art – Corona Film Project with 5 Artists
– Florentin Film, München, Deutschland
2020 Portrait of the Vegan Artist – Florentin Film
– Country Atelier, Kirchheim, Deutschland
2019 Bergonzoli Wandmalerei mit Kindern für Grund- und Mittelschule Kirchheim, Deutschland
2019 Masterclass für junge Künstler "Art Spot"
- Museum Villa Stuck - München, Deutschland
2019 Museum Villa Stuck - live painting performance of "Hippocampus" – München, Deutschland
2016-18 Bergonzoli Kunst Briefmarken für Fürst Fugger Privatbank – Augsburg, Deutschland
2014 Handbemalte 6 Liter Weinflasche für Tribute to Bambi Charity Auktion – children in need
2014 Mozart Festival–Ausstellung, live painting & Auktion
– Augsburg, Deutschland
2013 Kunst Wettbewerb für Kinder-Pferd International, Bergonzoli Atelier, München, Deutschland
2013 Bergonzoli Art, Rita Hayworth, 30th Alzheimer's Association Gala–Waldorf Astoria, New York, USA
2013 Charity Projekt –Mauro Bergonzoli Kunstwerk für Gut Aiderbichl, Salzburg, Österreich
2013 Hadassah Hospital– Bergonzoli Kunstwerk und bemalter Mercedes-München, Deutschland
2013 Lebenshilfe München, Mauro Bergonzoli Kunstwerk Auktion, Pferd International, München, Deutschland
2012 Ritzenhoff "my little Darling"-Espresso Tasse –Mauro Bergonzoli Design

ADVERTISING AND FILM

2003 Nutella Christmas, Executive, Ciao Web, Geox shoes, San Carlo Chips
1998 Director of short films animation für Ferrero "Esta Thé" und Kinder Überraschung
1997-98 Joint venture mit "No advertising" agency, Werbe-Kampagnen für Diadora Sport Wear, Ferrero, Scarpe e Scarpe, Nardi cucine, Ciao Web social network für Fiat
1997 Eröffnet seine zweite Werbeagentur "Los Angeles"
1997 Kreation von Spezialprodukten für Kunden: Kinder Überraschung, San Carlo Chips Wackos, Ferrero Nutella Jahreszeiten Kampagnen, Varadero Rum, Carrera Sonnenbrillen.
1995 Joint venture mit Landó Nardi Agency – Werbe Produktion für Ferrero, Invicta Sport Wear, De Fonseca, Ras Bank
1993 Eröffnet seine erste Werbeagentur "Reclam" - Arbeitet für Casio, Lorenz und BAI BANK
1991 Creative director für Transatlantic Milano advertising agency
1985 Freelance Art Director und Illustrator für Internationale Werbefirmen
1984 Erste Publikationen von Cartoons und Storylines für Corrier Boy Cartoon Magazine

REGISTER

VON HERZEN BEDANKEN WIR UNS BEI UNSEREN PARTNERN.

Dank deren köstlichen Produkten schmecken unsere Magic Food-Rezepte noch hervoragender!

MEGGLE

Wir lieben diese cremige vegane Aioli als Alternative zur Mayonnaise! Perfekt für meine Cocktailsauce, Magic Burger, Elotes Mexicanos und Fries.

Simply V

Simply V zaubert die besten veganen Käseoptionen weit und breit! Sie schmelzen und schmecken wie real cheese!

Schär GLUTEN-FREE

Mit diesen Mehl-, Brot-, Pizza- und Pasta-Produkten gelingen meine Rezepte 100 % glutenfrei. Zum Glück gibt es Dr. Schär schon seit über 40 Jahren auf der ganzen Welt.

DINZLER
KAFFEERÖSTEREI

Mauro startet seinen Atelier-Arbeitstag immer mit heißem Espresso der Kaffeerösterei Dinzler. Ich liebe Dinzler für Espressotorte und Espresso-Eis!

IMPRESSUM

CALLWEY
SEIT 1884

Klenzestraße 36
80469 München
buch@callwey.de
Tel.: +49 89 8905080-0
www.callwey.de

Wir sehen uns auf Instagram:
www.instagram.com/callwey

ISBN 978-3-7667-2551-6
1. Auflage 2021

Bibliografische Information der Deutschen Nationalbibliothek
Die Deutsche Nationalbibliothek verzeichnet diese Publikation in der Deutschen Nationalbibliografie; detaillierte bibliografische Daten sind im Internet über <http://dnb.d-nb.de> abrufbar.

LINKS
www.maurobergonzoli.com
www.themagiccontessa.com
www.zentrum-der-gesundheit.de
www.pflanzenfreunde.com
www.gesundenatur.info
www.focus.de/praxistipps
www.gesundheit.de

BILDNACHWEIS
Kunstwerke & Illustrationen:
Neo Pop Künstler Maestro Mauro Bergonzoli
S. 198, oben: Michael Tinnefeld
S. 196: Alexandra Fürstin Fugger von Babenhausen

DIE FOTOGRAFIN
Jana Burau ist Food-Fanatikerin durch und durch und lebt ihre Leidenschaft unter anderem auf ihrem Blog lebensverliebt.de aus, auf dem sie eigens fotografierte Rezepte präsentiert. Franziska, Mauro und Jana hatten ein Blind Date: Sie kannten sich vor dem Shooting nicht, aber es hat sofort Klick gemacht. Gemeinsam haben sie nicht nur über 80 Bilder an 11 Tagen in 180 Stunden erschaffen, sondern sie sind für immer zu einem "Magic Machine Team" geworden!

QUELLEN
Butler, Justine: The essential B vitamin sources for vegans. veganfoodandliving.com. zuletzt eingesehen am 31.03.2021
Erbe che curano. La farmacia di Gaia. Essenze, principi attivi, tisane, liquori e ... fotografie. Verona 2000
Flemmerl, Andrea: Mood-Food – Glücksnahrung. Wie man durch Essen glücklich wird. Hannover 2009
Gelder, Franz: Unbekannte Fuggerbände. Berlin 1964
Hertzka, Gottfried/Strehlow, Wighard: Küchengeheimnisse der Hildegard-Medizin. Ratschläge und Erkenntnisse der hl. Hildegard von Bingen über die Heilkraft unserer Nahrungsmittel. Freiburg im Breisgau 1986
Georg Lill, Hans Fugger (1531-1598) und die Kunst, Leipzig 1908 (Studien zur Fuggergeschichte, Heft 2)
Koutná, Danka: Huhn Marengo oder Essen und Trinken um 1800: S. 2:1 Bouillon Anselm Maria. Dillingen a. d. Donau 2003
Lafer, Johann/Bracht, Petra/Liebscher-Bracht, Roland: Essen gegen Arthrose. Unsere veganen Genussrezepte bei Schmerzen und Gelenkbeschwerden. München 2020
Montignac, Michel: Gesund mit Schokolade. Offenburg 1996
Oberbeil, Klaus/Lentz, Christiane: Obst & Gemüse als Medizin. Die Heilkräfte in unseren Nahrungsmitteln wirksam nutzen. München 1996
Richter, Isolde/Bauer, Max/Steinke, Thomas: Die große Kaffee-Bibel. Geschichte, Sorten, Röstung, Verarbeitung, Rezepte, Latte Art, Zubereitung, Wirkung, Mahlgrade, Handel. München 2017
Schad, Martha: Die Frauen des Hauses Fugger von der Lilie (15.–17. Jahrhundert): Augsburg – Ortenburg – Trient. Tübingen 1989

Dieses Buch wurde in **CALLWEY-QUALITÄT** für Sie hergestellt:
Beim Inhaltspapier haben wir uns für ein Magno Matt in 150 g/m2 entschieden – ein matt gestrichenes Bilderdruckpapier. Die gestrichene, mattierte Oberfläche gibt dem Inhalt einen edlen und hochwertigen Charakter. Die Hardcover-Gestaltung besteht aus bedrucktem Bilderdruckpapier und wurde mit einer Folienprägung in Gold veredelt. Dieses Buch wurde in Deutschland gedruckt und gebunden bei der Optimal Media GmbH, Röbel/Müritz.

VIEL FREUDE MIT DIESEM BUCH WÜNSCHEN IHNEN
Projektleitung: Amber Holland-Cunz
Lektorat: Asta Machat
Schlusskorrektur: Constanze Lüdicke
Fotografie: Jana Burau, lebensverliebt.de
Grafische Gestaltung: Anna Schlecker
Satz: Sina Chakoh
Titelgestaltung: Hans Wembach
Herstellung: Oliver F. Meier und Dominique Scherzer